净土三经

中国佛学经典宝藏

41

王月清 释译

星云大师总监修

人民东方出版传媒

東方出版社

图书在版编目（CIP）数据

净土三经 / 王月清 释译. —北京：东方出版社，2015.9
（中国佛学经典宝藏）
ISBN 978-7-5060-8567-0

Ⅰ. ①净… Ⅱ. ①王… Ⅲ. ①净土宗—佛经—注释 ②净土宗—佛经—译文
Ⅳ. ①B946.8

中国版本图书馆 CIP 数据核字（2015）第 267723 号

净土三经
（JINGTU SANJING）

释 译 者：王月清
责任编辑：夏旭东
出　　版：东方出版社
发　　行：人民东方出版传媒有限公司
地　　址：北京市西城区北三环中路 6 号
邮　　编：100120
印　　刷：北京明恒达印务有限公司
版　　次：2016 年 9 月第 1 版
印　　次：2022 年 6 月第 3 次印刷
开　　本：880 毫米×1230 毫米　1/32
印　　张：7.75
字　　数：110 千字
书　　号：ISBN 978-7-5060-8567-0
定　　价：38.00 元
发行电话：（010）85924663　85924644　85924641

《中国佛学经典宝藏》
大陆简体字版编审委员会

总序

星云

自读首楞严，从此不尝人间糟糠味；
认识华严经，方知已是佛法富贵人。

诚然，佛教三藏十二部经有如暗夜之灯炬、苦海之宝筏，为人生带来光明与幸福，古德这首诗偈可说一语道尽行者阅藏慕道、顶戴感恩的心情！可惜佛教经典因为卷帙浩瀚、古文艰涩，常使忙碌的现代人有义理远隔、望而生畏之憾，因此多少年来，我一直想编纂一套白话佛典，以使法雨均沾，普利十方。

一九九一年，这个心愿总算有了眉目。是年，佛光山在中国大陆广州市召开“白话佛经编纂会议”，将该套丛书定名为《中国佛教经典宝藏》①。后来几经集思广

① 编者注：《中国佛教经典宝藏》丛书，大陆出版时改为《中国佛学经典宝藏》丛书。

益，大家决定其所呈现的风格应该具备下列四项要点：

一、启发思想：全套《中国佛教经典宝藏》共计百余册，依大乘、小乘、禅、净、密等性质编号排序，所选经典均具三点特色：

1. 历史意义的深远性
2. 中国文化的影响性
3. 人间佛教的理念性

二、通顺易懂：每册书均设有原典、注释、译文等单元，其中文句铺排力求流畅通顺，遣词用字力求深入浅出，期使读者能一目了然，契入妙谛。

三、文简意赅：以专章解析每部经的全貌，并且搜罗重要的章句，介绍该经的精神所在，俾使读者对每部经义都能透彻了解，并且免于以偏概全之谬误。

四、雅俗共赏：《中国佛教经典宝藏》虽是白话佛典，但亦兼具通俗文艺与学术价值，以达到雅俗共赏、三根普被的效果，所以每册书均以题解、源流、解说等章节，阐述经文的时代背景、影响价值及在佛教历史和思想演变上的地位角色。

兹值佛光山开山三十周年，诸方贤圣齐来庆祝，历经五载、集二百余人心血结晶的百余册《中国佛教经典宝藏》也于此时隆重推出，可谓意义非凡，论其成就，则有四点可与大家共同分享：

一、佛教史上的开创之举：民国以来的白话佛经翻译虽然很多，但都是法师或居士个人的开示讲稿或零星的研究心得，由于缺乏整体性的计划，读者也不易窥探佛法之堂奥。有鉴于此，《中国佛教经典宝藏》丛书突破窠臼，将古来经律论中之重要著作，做有系统的整理，为佛典翻译史写下新页！

二、杰出学者的集体创作：《中国佛教经典宝藏》丛书结合中国大陆北京、南京各地名校的百位教授、学者通力撰稿，其中博士学位者占百分之八十，其他均拥有硕士学位，在当今出版界各种读物中难得一见。

三、两岸佛学的交流互动：《中国佛教经典宝藏》撰述大部分由大陆饱学能文之教授负责，并搜录台湾教界大德和居士们的论著，借此衔接两岸佛学，使有互动的因缘。编审部分则由台湾和大陆学有专精之学者从事，不仅对中国大陆研究佛学风气具有带动启发之作用，对于台海两岸佛学交流更是帮助良多。

四、白话佛典的精华集萃：《中国佛教经典宝藏》将佛典里具有思想性、启发性、教育性、人间性的章节做重点式的集萃整理，有别于坊间一般“照本翻译”的白话佛典，使读者能充分享受“深入经藏，智慧如海”的法喜。

今《中国佛教经典宝藏》付梓在即，吾欣然为之作序，并借此感谢慈惠、依空等人百忙之中，指导编修；吉广舆等人奔走两岸，穿针引线；以及王志远、赖永海等大陆教授的辛勤撰述；刘国香、陈慧剑等台湾学者的周详审核；满济、永应等“宝藏小组”人员的汇编印行。他们的同心协力，使得这项伟大的事业得以不负众望，功竟圆成！

《中国佛教经典宝藏》虽说是大家精心擘划、全力以赴的巨作，但经义深邈，实难尽备；法海浩瀚，亦恐有遗珠之憾；加以时代之动乱，文化之激荡，学者教授于契合佛心，或有差距之处。凡此失漏必然甚多，星云谨以愚诚，祈求诸方大德不吝指正，是所至祷。

一九九六年五月十六日于佛光山

原版序

敲门处处有人应

慈惠

《中国佛教经典宝藏》是佛光山继《佛光大藏经》之后，推展人间佛教的百册丛书，以将传统《大藏经》精华化、白话化、现代化为宗旨，力求佛经宝藏再现今世，以通俗亲切的面貌，温渥现代人的心灵。

佛光山开山三十年以来，家师星云上人致力推展人间佛教，不遗余力，各种文化、教育事业蓬勃创办，全世界弘法度化之道场应机兴建，蔚为中国现代佛教之新气象。这一套白话精华大藏经，亦是大师弘教传法的深心悲愿之一。从开始构想、擘划到广州会议落实，无不出自大师高瞻远瞩之眼光，从逐年组稿到编辑出版，幸赖大师无限关注支持，乃有这一套现代白话之大藏经问世。

这是一套多层次、多角度、全方位反映传统佛教文化的丛书，取其精华，舍其艰涩，希望既能将《大藏经》

深睿的奥义妙法再现今世，也能为现代人提供学佛求法的方便舟筏。我们祈望《中国佛教经典宝藏》具有四种功用：

一、是传统佛典的精华书

中国佛教典籍汗牛充栋，一套《大藏经》就有九千余卷，穷年皓首都研读不完，无从赈济现代人的枯槁心灵。《宝藏》希望是一滴浓缩的法水，既不失《大藏经》的法味，又能有稍浸即润的方便，所以选择了取精用弘的摘引方式，以舍弃庞杂的枝节。由于执笔学者各有不同的取舍角度，其间难免有所缺失，谨请十方仁者鉴谅。

二、是深入浅出的工具书

现代人离古愈远，愈缺乏解读古籍的能力，往往视《大藏经》为艰涩难懂之天书，明知其中有汪洋浩瀚之生命智慧，亦只能望洋兴叹，欲渡无舟。《宝藏》希望是一艘现代化的舟筏，以通俗浅显的白话文字，提供读者遨游佛法义海的工具。应邀执笔的学者虽然多具佛学素养，但大陆对白话写作之领会角度不同，表达方式与台湾有相当差距，造成编写过程中对深厚佛学素养与流畅白话语言不易兼顾的困扰，两全为难。

三、是学佛入门的指引书

佛教经典有八万四千法门，门门可以深入，门门是无限宽广的证悟途径，可惜缺乏大众化的入门导览，不易寻觅捷径。《宝藏》希望是一支指引方向的路标，协助十方大众深入经藏，从先贤的智慧中汲取养分，成就无上的人生福泽。

四、是解深入密的参考书

佛陀遗教不仅是亚洲人民的精神归依，也是世界众生的心灵宝藏。可惜经文古奥，缺乏现代化传播，一旦庞大经藏沦为学术研究之训诂工具，佛教如何能扎根于民间？如何普济僧俗两众？我们希望《宝藏》是百粒芥子，稍稍显现一些须弥山的法相，使读者由浅入深，略窥三昧法要。各书对经藏之解读诠释角度或有不足，我们开拓白话经藏的心意却是虔诚的，若能引领读者进一步深研三藏教理，则是我们的衷心微愿。

大陆版序一

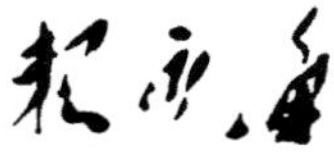

《中国佛教经典宝藏》是一套对主要佛教经典进行精选、注译、经义阐释、源流梳理、学术价值分析，并把它们翻译成现代白话文的大型佛学丛书，成书于二十世纪九十年代，由台湾佛光文化事业有限公司出版，星云大师担任总监修，由大陆的杜继文、方立天以及台湾的星云大师、圣严法师等两岸百余位知名学者、法师共同编撰完成。十几年来，这套丛书在两岸的学术界和佛教界产生了巨大的影响，对研究、弘扬作为中国传统文化重要组成部分的佛教文化，推动两岸的文化学术交流发挥了十分重要的作用。

《中国佛学经典宝藏》则是《中国佛教经典宝藏》的简体字修订版。之所以要出版这套丛书，主要基于以下的考虑：

首先，佛教有三藏十二部经、八万四千法门，典籍浩瀚，博大精深，即便是专业研究者，穷其一生之精力，恐也难阅尽所有经典，因此之故，有“精选”之举。

其次，佛教源于印度，汉传佛教的经论多译自梵语；加之，代有译人，版本众多，或随音，或意译，同一经文，往往表述各异。究竟哪一种版本更契合读者根机？哪一个注疏对读者理解经论大意更有助益？编撰者除了标明所依据版本外，对各部经论之版本和注疏源流也进行了系统的梳理。

再次，佛典名相繁复，义理艰深，即便识得其文其字，文字背后的义理，诚非一望便知。为此，注译者特地对诸多冷僻文字和艰涩名相，进行了力所能及的注解和阐析，并把所选经文全部翻译成现代汉语。希望这些注译，能成为修习者得月之手指、渡河之舟楫。

最后，研习经论，旨在借教悟宗、识义得意。为了将其思想义理和现当代价值揭示出来，编撰者对各部经论的篇章品目、思想脉络、义理蕴涵、学术价值等所做的发掘和剖析，真可谓殚精竭虑、苦心孤诣！当然，佛理幽深，欲入其堂奥、得其真义，诚非易事！我们不敢奢求对于各部经论的解读都能鞭辟入里，字字珠玑，但希望能对读者的理解经义有所启迪！

习近平主席最近指出：“佛教产生于古代印度，但传入中国后，经过长期演化，佛教同中国儒家文化和道家文化融合发展，最终形成了具有中国特色的佛教文化，给中国人的宗教信仰、哲学观念、文学艺术、礼仪习俗等留下了深刻影响。”如何去研究、传承和弘扬优秀佛教文化，是摆在我们面前的一个重要课题，人民东方出版传媒有限公司拟对繁体字版的《中国佛教经典宝藏》进行修订，并出版简体字版的《中国佛学经典宝藏》，随喜赞叹，寥寄数语，以叙因缘，是为序。

二〇一六年春于南京大学

大陆版序二

依空

身材高大、肤色白皙、擅长军事的亚利安人，在公元前四千五百多年从中亚攻入西北印度，把当地土著征服之后，为了彻底统治这里的人民，建立了牢不可破的种姓制度，创造了无数的神祇，主要有创造神梵天、破坏神湿婆、保护神毗婆奴。人们的祸福由梵天决定，为了取悦梵天大神，需要透过婆罗门来沟通，因为他们是从梵天的口舌之中生出，懂得梵天的语言——繁复深奥的梵文，婆罗门阶级是宗教祭祀师，负责教育，更掌控了神与人之间往来的话语权。四种姓中最重要的是刹帝利，举凡国家的政治、经济、军事、文化等等都由他们实际操作，属贵族阶级，由梵天的胸部生出。吠舍则是士农工商的平民百姓，由梵天的膝盖以上生出。首陀罗则是被踩在梵天脚下的土著。前三者可以轮回，纵然几世轮转都无法脱离原来种姓，称为再生族；首陀罗则连轮回的因缘都没有，为不生族，生生世世为首陀罗，子孙也倒霉跟着宿命，无法改变身份。相对于此，贱民比首陀罗更为卑微、低贱，连四种姓都无法跻身其中，只能从事挑粪、焚化尸体等最卑贱、龌龊的工作。

出身于高贵种姓释迦族的悉达多太子，为了打破种姓制度的桎梏，舍弃既有的优越族姓，主张一切众生皆平等，成正等觉，创立了佛教僧团。为了贯彻佛教的平等思想，佛陀不仅先度首陀罗身份的优婆离出家，后度释迦族的七王子，先入山门为师兄，树立僧团伦理制度。佛陀更严禁弟子们用贵族的语言——梵文宣讲佛法，而以人民容易理解的地方口语来演说法义，这就是巴利文经典的滥觞。佛陀认为真理不应该是属于少数贵族、知识分子的专利或装饰，而应该更贴近普罗大众，属于平民百姓共有共知。原来佛陀早就在推动佛法的普遍化、大众化、白话化的伟大工作。

佛教从西汉哀帝末年传入中国，历经东汉、魏晋南北朝、隋唐的漫长艰巨的译经过程，加上历代各宗派祖师的著作，积累了庞博浩瀚的汉传佛教典籍。这些经论义理深奥隐晦，加以书写的语言文字为千年以前的古汉文，增加现代人阅读的困难，只能望着汗牛充栋的三藏十二部扼腕慨叹，裹足不前。

如何让大众轻松深入佛法大海，直探佛陀本怀？佛光山开山宗长星云大师乃发起编纂《中国佛教经典宝藏》。一九九一年，先在大陆广州召开“白话佛经编纂会议”，订定一百本的经论种类、编写体例、字数等事项，礼聘中国社科院的王志远教授、南京大学的赖永海教授分别为中国大陆北方与南方的总联络人，邀请大陆各大学的佛教学者撰文，后来增加台湾部分的三十二本，是为一百三十二册的《中国佛教经典宝藏精选白话版》，于一九九七年，作为佛光山开山三十周年的献礼，隆重出版。

六七年间我个人参与最初的筹划，多次奔波往来于大陆与台湾，小心谨慎带回作者原稿，印刷出版、营销推广。看到它成为佛教徒家中的传家宝藏，有心了解佛学的莘莘学子的入门指南书，为星云大师监修此部宝藏的愿心深感赞叹，既上契佛陀“佛法不舍一众”的慈悲本怀，更下启人间佛教“普世益人”的平等精神。尤其可喜者，欣闻现大陆出版方东方出版社潘少平总裁、彭明哲副总编亲自担纲筹划，组织资深编辑精校精勘；更有旅美企业家鲁彼德先生事业有成之际，秉“十方来，十方去，共成十方事”之襟怀，促成简体字版《中国佛学经典宝藏》的刊行。今付梓在即，是为序，以表随喜祝贺之忱！

二〇一六年元月

目　录

题解

净土，就是庄严清净，没有五浊污染的极乐世界，是诸佛、圣者所居住的国土。中国佛教宗派之一净土宗，即是以往生西方极乐净土为目的，专修往生阿弥陀净土的法门。从东晋慧远与十八高贤在庐山结白莲社，同修净业，到东魏昙鸾感人命危脆，赴江南求长生之法于“山中丞相”陶弘景，归途获《观无量寿经》一部，继而专弘净土法门，到隋唐时道绰、善导正式创宗，尽力传布，净土宗势力在中土蔚为大观。

此宗的主旨是以修行者的念佛为内因，以阿弥陀佛的愿力为外缘，内外相应，往生西方净土。在思想内容上，主要以“信、愿、行”为宗。倡导对西方净土的实有和念佛必定往生等产生坚定的信心，并且明确立誓发愿死后往生西方净土，继而真实地依教修行，如念佛、修禅、积德等，这样，命终之际，阿弥陀佛会前来接引修行者往生西方极乐净土。宋初以后，禅、律、天台、华严学者无不兼弘净土，奉阿弥陀佛的净土信仰在中土佛教渐趋衰微的情势下仍广为流行，甚至出现“家家阿弥陀，户户观世音”的净土盛行气象。与此同时，禅宗与净土宗的合流，更是增进了中土佛教的特色。

本书所集的净土三经，就是净土宗所依据的主要经典。这三经即是：《无量寿经》《观无量寿经》《阿弥陀经》。《无量寿经》叙说阿弥陀佛因位的愿行和果上的功德，及摄受十方念佛众生。《观无量寿经》向人们显示往生净土的行业，即告诉人们如何修行净土法门；《阿弥陀经》显示净土的正、依报庄严，极乐世界的美妙和执持阿弥陀佛名号的种种利益及方便，并赞叹阿弥陀佛不可思议之功德。

净土经典在中土的传译有一个不断发展的过程，以支娄迦谶、竺佛朔共译《般舟三昧经》（公元一七九年）为嚆矢，之后陆续有译本问世。三国时代支谦译出《大阿弥陀经》两卷，详述弥陀在因位发愿及极乐净土的庄严，为净土宗重要的经典。曹魏时康僧铠译《无量寿经》，西晋竺法护译出《无量清净平等觉经》两卷（内容与《大阿弥陀经》相似）。

此外，复有支谦的《慧印三昧经》《无量门微密持经》，竺法护的《德光太子经》《决定总持经》《阿弥陀佛偈》等。姚秦弘始三年（公元四〇一年），鸠摩罗什译出《阿弥陀经》《十住毗婆沙论》等，略说极乐净土的庄严，为自古最盛行读诵者。其后相继有北凉昙无谶译《悲华经》十卷（公元四一九年），刘宋宝云译《新无量寿经》二卷（公元四二一年），畺良耶舍译《观无量寿经》一卷（公元四二四年）。随着净土经典的传译日渐完备后，《无量寿经》《观无量寿经》和《阿弥陀经》成为后世尊奉的三部主要的净土经典。由于存在一典数译的情况，所以净土三经在后世的一般通行本是曹魏康僧铠译的《无量寿经》、刘宋畺良耶舍译的《观无量寿经》、姚秦鸠摩罗什译的《阿弥陀经》。

康僧铠是三国时代的译经僧，梵名音译僧伽跋摩，相传为印度人，但从他的名字所冠的康姓来看，可以推测他与中亚康居国有关。曹魏嘉平四年（公元二五二年）至洛阳，于白马寺译出《郁伽长者经》二卷、《无量寿经》二卷、《四分杂羯磨》一卷等。

畺良耶舍（公元三八三——四四二年）是刘宋时代的译经家。西域人，据《梁高僧传》卷三载：畺良耶舍性刚直、寡嗜欲，善诵阿毗昙，博涉律部，其余诸经多所欲综。虽三藏兼明，而犹精禅观。刘宋文帝元嘉元年（公元四二四年）赴建业，居于钟山道林精舍，译出《观无量寿佛经》《观药王药上二菩萨经》。元嘉十九年西游岷蜀，所到之处弘道说法，禅徒群聚。后还江陵，不久即入寂，享年六十。

《阿弥陀经》的译者姚秦译经大师鸠摩罗什（公元三四四—四一三年，或公元三五〇—四〇九年），原籍天竺，出生于西域龟兹国（新疆疏勒），是我国四大译经家之一。父母都奉佛出家，素有德行。罗什自幼聪敏，七岁从母入道，游学天竺，遍参名宿，博闻强记，誉满五天竺。后归故国，王奉为师。前秦苻坚闻其德，遣骁骑将军吕光等率兵迎之。吕光西征既利，遂迎罗什，但于途中得知苻坚败没，于是吕光在河西自立为王，罗什因此羁留凉州十六七年。直至后秦姚兴攻破吕氏，罗什始得东至长安，时为东晋隆安五年（公元四〇一年）。

姚兴于长安设立佛经大译场，以国师之礼恭请鸠摩罗什主持译经事业，并把他迎去西明阁逍遥园居住。译经之暇，开讲佛法，听者如云，无不稽首折服。此后在长安的十多年里，是罗什一生事业上最辉煌的顶点。他先后译出有《中论》《百论》《十二门论》（以上合称三论）《般若经》《法华经》《大智度论》《阿弥陀经》《维摩经》《十诵律》等经论。其译经的总数说法不一，《出三藏记集》称三十五部，二九四卷；《开元释教录》则说是七十四部，三八四卷。自佛教入传，汉译佛经日多，但所译多滞文格义，不与原本相应，罗什通达多种外国语言，中文根基深厚，所译的包括《阿弥陀经》在内的经典，文体简洁晓畅，文字优雅可诵，内容卓拔超群。罗什一生致力弘通的法门，当为般若系的大乘经典，以及龙树、提婆系的中观部论书的翻译。

他译的经典，对中土佛教的发展有很大的影响，除《阿弥陀经》《十住毗婆沙论》成为净土宗所依的经论之外，《中论》《百论》《十二门论》，由道生传于南方，经僧朗、僧诠、法朗，至隋代吉藏而集三论宗之大成；再加上《大智度论》，而成四论学派。所译的《法华经》，肇启天台宗的端绪；《成实论》为成实学派的根本要典；《坐禅三昧经》的译出，促成了"菩萨禅"的流行；《梵网经》一出，中土得传大乘戒；《十诵律》则提供了研究律学的重要资料。

由于当时义学沙门云集长安，归向罗什或听他说法的不可胜数，号称弟子三千，其中最著名的，有僧肇、道生、道融、僧叡等。世寿七十时，罗什入寂，入灭后，有关方面在逍遥园里按照佛教仪式，进行火化，果真薪灭形碎之后，罗什舌不焦烂。

需要说明的是，除了"净土三经"外，还有"净土五经"的说法，那是在上述三部经典外，再加上唐天竺沙门般剌密谛译的《大佛顶首楞严经·大势至菩萨念佛圆通章》及唐罽宾国三藏般若译的《大方广佛华严经·普贤菩萨行愿品》。前者主要讲述如果众生一心念佛，佛一定会因此“现前当来”，所以“必定见佛”，后者主要论述普贤菩萨的十大行愿。

此外，还有“净土三经一论”的说法。“三经”是指前述的《无量寿经》等净土三经，“一论”是指古印度世亲著，北魏菩提流支译的《往生论》，全称《无量寿经优波提舍愿生偈》，它依据《无量寿经》，赞颂阿弥陀佛极乐净土的美妙，劝人修持礼拜、赞叹、作愿、观察、回向等“五念门”，认为如果这样做，死后可往生西方净土。

本书所收录的净土三经以金陵刻经处同治五年重刊本《净土四经》为底本。净土四经的会校汇刊者是近代著名思想家魏源。魏源（公元一七九四——一八五六年）字默深，晚年受“菩萨戒”后，易名承贯。生于清乾隆五十九年，是中国近代史上的一位进步思想家。他七八岁时，入塾读书；十五岁中秀才，二十岁中拔贡，二十九岁中举人。之后，考进士不中，捐了一个内阁中书舍人（五十二岁，始中殿试第三甲，赐同进士出身）。后来，还曾做过知县、知州等地方官，也曾做过某些边疆大吏的幕僚。

魏源早年研究佛学，三十五岁从禅学大师钱林伊庵居士问法。后来魏源在京师红螺寺从净土宗法师悟和（名瑞安）研习净土要义，晚年专心净土，自称“菩萨戒弟子魏承贯”。一八五三年十一月，魏源辞官南归，其全家侨居兴化，魏源则栖居于苏杭等地，手订平生著述，晨夕静坐参禅，会译并辑《无量寿经》《观无量寿经》《阿弥陀经》和《普贤行愿品》为《净土四经》，分别为之作叙，并冠以总叙一篇。死前一年（公元一八五六年），手录四经，自高邮寄书好友周诒朴，请其刊刻流布。同年秋，游杭州，寄宿僧舍，于一八五七年（咸丰七年）三月初，在杭州东园僧舍中凝坐而逝，时年六十四岁。

清初以降，净土一跃而为佛教各宗，以及学界和民间的共同信仰，人们纷纷寻求净土经典所展示的极乐境界，期望通过读诵经典，起信生解，依教修行，从而找到安慰自己心灵的精神家园。历代以来，净土经典，特别是《无量寿经》等，译本繁多，互有优劣彰晦，不利于流通。魏源在辑净土经卷为书时，有选择地会辑汉、魏、吴、宋等数译，集成新会校本《无量寿经》《观无量寿经》《阿弥陀经》。

值得一提的是，他把立法界缘起为理论体系，被称为性起法门的华严宗的经典《大方广佛华严经》第四十卷《入不思议解脱境界普贤行愿品》，纳入经集中而成

《净土四经》。在《净土四经》总叙中，他指出纳《普贤行愿品》的目的就是要“明心佛之无尽”，强调人的“心”“念”作用。他选择《普贤行愿品》代表的“心性本觉”的思想作为净土的归宿，反映出他净土思想中强调心性的特质，也反映了他凭借他力，又强调自力，赞成持名，又不废发观想的思想倾向。总之，引《普贤行愿品》入《净土四经》是魏源的独创。

《净土四经》的刊行，其版本质量和学术影响都得到公允和称赞。近代佛学复兴的旗手，自称净业弟子的杨文会居士在重刊魏源的净土四经的跋中说：“净土一门，普被群机，广流末法，实为苦海之舟航，入道之阶梯也。”他很为净土宗的经卷“迄不可得”而深感遗憾，后“见此本于王梅叔处……喜出望外。此本为邵阳魏公默深所辑”。杨文会尤其强调：“魏公一片婆心，末学咸受其惠。”近人李世由也说：“龚言天台家言，魏修净土。金陵刻经处首出净土四经，即魏氏校订本。”（李世由《瞰卢类稿》甲编）

魏源自己也在《净土四经》总叙中道出了“合刊四经，以广为流通，普与含灵，同跻正觉”的心愿。在辑订净土四经时，他发心广大，又精于文字，后世公认为魏氏《净土四经》是尽善本。魏源所辑的《净土四经》中，用力最勤的当数《无量寿经》。

《无量寿经》属于“我佛屡说，诸师竞译，东来最早，译本独多”的一部佛教经典。此经在中土译本极多，古来即有“五存七缺”十二种之说：

(1)《无量寿经》二卷，东汉安世高译，今已不存。

(2)《无量清净平等觉经》四卷，东汉支娄迦谶译。(简称“汉译”)

(3)《阿弥陀经》二卷，三国吴支谦译。(简称“吴译”)

(4)《无量寿经》，曹魏康僧铠译，即后世较为流行的“魏译”。

(5)《无量清净平等觉经》二卷，曹魏帛延译，今已不存。

(6)《无量寿经》二卷，西晋竺法护译，今已不存。

(7)《无量寿至真等正觉经》一卷，东晋竺法力译，今已不存。

(8)《新无量寿经》二卷，东晋佛陀跋陀罗译，今已不存。

(9)《新无量寿经》二卷，刘宋宝云译，今已不存。

(10)《新无量寿经》二卷，刘宋昙摩蜜多译，今已不存。

(11)《大宝积经无量寿如来会》二卷，唐代菩提流志译，简称“唐译”。

（12）《大乘无量寿庄严经》三卷，北宋法贤译，简称“宋译”。

近代学者，如日本常盘大定、望月信亨、中村元等人，根据历代经录的记载、敦煌本的新资料、梵文原本的对照研究，对古来十二译之说提出了质疑，认为本经前后仅有五种译本而已，也就是上面记述的十二译本中的第三、第五、第十一、第十二译本，另加上西晋竺法护译的《无量寿经》二卷，其余多为重复讹伪的记录。此外，日本野上俊静进一步主张本经是竺法护译于西晋永嘉二年的译本，而非康僧铠所译。

不管如何，现存世的五种译本，即汉、吴、魏、唐、宋五译本，差异较大，不但文字详略悬殊，而且内容也有差别。例如弥陀因地大愿，汉吴两译为廿四愿，宋译是三十六愿，魏唐两译是四十八愿。且大愿的内容，各译也不同。至于造成诸译不同的原因，学者一般认为《无量寿经》，乃佛多次宣说，梵本不一。译者所据不同，再加上译笔的巧拙有差，所以造成译文有异。到目前为止，研究者已发现本经梵文原本有好几种。

一八八三年，英国学者麦克斯·穆勒与日本南条文雄共同出版原文本。一九〇八年，南条文雄将此版译为日文。一九一七年，日本荻原云来又根据高楠顺次朗、河口慧海两人自尼泊尔所发现的梵文及藏译本，重新改

《中国佛学经典宝藏》

华人佛学界顶级专家团队编撰。大陆首次引进简体中文版。

读得懂，买得起，藏得下的“白话精华大藏经”。

《中国佛学经典宝藏》白话版系列丛书，共计132册，由星云大师总监修，大陆、台湾百余专家学者通力编撰而成。

丛书依大乘、小乘、禅、净、密等性质编号排序，将古来经律论中之经典著作，依据思想性、启发性、教育性、人间性的原则，做了取其精华、舍其艰涩的系统整理。每种经典都按原文、注释、译文等体例编排，语言力求通俗易懂、言简意赅，让佛学名著真正做到雅俗共赏；还以题解、源流、解说等章节，阐述经文的时代背景、影响价值及在佛教历史和思想演变上的地位角色。丛书还开创性地收录了一些有代表性的现代读本。

星云大师总监修

“人间佛教”的践行本

专家推荐

星云大师常常说，佛学不是少数人的专利，它应该是每一个人都能够接触的。这套书推动了白话佛学经典的完成。

——依空法师

佛光山长老，文学博士，印度哲学博士

星云大师对编修《中国佛学经典宝藏》非常重视，对经典进行注、译，包括版本源流梳理，这对一般人去看经典、理解经典的思想，是有帮助的。

——赖永海

南京大学教授，旭日佛学研究中心主任

《中国佛学经典宝藏》精选了很多篇目，是能够把佛法的精要，比较全面地给予介绍。

——王志远

中国社会科学院研究生院导师，中国宗教协会副会长

传统大藏经 VS 中国佛学经典宝藏

	传统大藏经		中国佛学经典宝藏
第一回合	**卷帙浩繁** 普通人阅读没头绪、没精力、看不懂。	VS	**精华集萃** 星云大师亲选132种书目，提纲挈领，方便读经。
第二回合	**古文艰涩 繁体竖排** 佛经文辞晦涩，多用繁体竖排版：读经门槛高。	VS	**白话精译 简体横排** 经典原文搭配白话精译，既可直通经文，又可研习原典。
第三回合	**经义玄奥 难尝法味** 微言大义，法义幽微，没有明师指引难理解。	VS	**专家注解 普利十方** 华人佛学界顶级专家精注精解，一通百通。

《中国佛学经典宝藏》目录

编号	书名
1	中阿含经
2	长阿含经
3	增一阿含经
4	杂阿含经
5	金刚经
6	般若心经
7	大智度论
8	大乘玄论
9	十二门论
10	中论
11	百论
12	肇论
13	辩中边论
14	空的哲理
15	金刚经讲话
16	人天眼目
17	大慧普觉禅师语录
18	六祖坛经
19	天童正觉禅师语录
20	正法眼藏
21	永嘉证道歌·信心铭
22	祖堂集
23	神会语录
24	指月录
25	从容录
26	禅宗无门关
27	景德传灯录
28	碧岩录
29	缁门警训
30	禅林宝训
31	禅林象器笺
32	禅门师资承袭图
33	禅源诸诠集都序
34	临济录
35	来果禅师语录
36	中国佛学特质在禅
37	星云禅话
38	禅话与净话
39	释禅波罗蜜次第法门
40	般舟三昧经
41	净土三经
42	佛说弥勒上生下生经
43	安乐集
44	万善同归集

编号	书名
45	维摩诘经
46	药师经
47	佛堂讲话
48	信愿念佛
49	精进佛七开示录
50	往生有分
51	法华经
52	金光明经
53	天台四教仪
54	金刚錍
55	教观纲宗
56	摩诃止观
57	法华思想
58	华严经
59	圆觉经
60	华严五教章
61	华严金师子章
62	华严原人论
63	华严学
64	华严经讲话
65	解深密经
66	楞伽经
67	胜鬘经
68	十地经论
69	大乘起信论
70	成唯识论
71	唯识四论
72	佛性论
73	瑜伽师地论
74	摄大乘论
75	唯识史观及其哲学
76	唯识三颂讲记
77	大日经
78	楞严经
79	金刚顶经
80	大佛顶首楞严经
81	成实论
82	俱舍要义
83	佛说梵网经
84	四分律
85	戒律学纲要
86	优婆塞戒经
87	六度集经
88	百喻经

编号	书名
89	法句经
90	本生经的起源及其开展
91	人间巧喻
92	大乘本生心地观经
93	南海寄归内法传
94	入唐求法巡礼记
95	大唐西域记
96	比丘尼传
97	弘明集
98	出三藏记集
99	牟子理惑论
100	佛国记
101	宋高僧传
102	唐高僧传
103	梁高僧传
104	异部宗轮论
105	广弘明集
106	辅教编
107	释迦牟尼佛传
108	中国佛教名山胜地寺志
109	敕修百丈清规
110	洛阳伽蓝记
111	佛教新出碑志集萃
112	佛教文学对中国小说的影响
113	佛遗教三经
114	大般涅槃经
115	地藏本愿经外二部
116	安般守意经
117	那先比丘经
118	大毗婆沙论
119	大乘大义章
120	因明入正理论
121	宗镜录
122	法苑珠林
123	经律异相
124	解脱道论
125	杂阿毗昙心论
126	弘一大师文集选要
127	《沧海文集》选集
128	《劝发菩提心文》讲话
129	佛经概说
130	佛教的女性观
131	涅槃思想研究
132	佛学与科学论文集

订穆勒出版的梵文本，又译为日文本，英文本。此外，寺本婉雄、青木文教两人也曾先后将西藏本译为日文出版。

大致看来，《无量寿经》的魏译本文辞详赡，义理圆足，唐译本与之相差不大，似乎出于同一梵本。宋译也很明畅，但辞句前后差异很大。汉吴二译，文辞拙涩，而义有相补备之处。

由于五译互有出入，所以自宋迄今，产生出四种会校本：

(1)《大阿弥陀经》　宋国学进士龙舒王日休校辑。

(2)《无量寿经》　清菩萨戒弟子彭际清节校。

(3)《摩诃阿弥陀经》　清菩萨戒弟子承贯邵阳魏源会译。(原名《无量寿经》，后经正定王荫福居士校订，并改今名)

(4)《佛说大乘无量寿庄严清净平等觉经》　现代菩萨戒弟子郓城夏莲居会集。

王日休的校辑本问世后，取代了魏译本《无量寿经》的流传地位。王日休本《无量寿经》虽然广为流通，并收入龙藏与大正藏，但王本也有得有失。莲池大师在《无量寿经疏钞》中说："王氏所会，较之五译，简易明显，流通今世，利益甚大。但其不由梵本，唯酌华文，未顺译法……"王氏自序中也说过："其文碎杂而失统，错乱而不伦者，则用其意而修其辞。”显然，王氏本有不取原语、任意发挥的偏弊。

彭际清鉴于王本之失，而专就魏译去其繁复，并按云栖本，校辑成彭氏本《无量寿经》，但此本只是魏译本的节校本，并非诸译的会集本。与魏译本相比，彭际清本削去了繁杂，优于魏译。近代丁福保居士在作《无量寿经笺注》时，所注的就是彭氏本。但彭本毕竟是节校本，并不能补王氏之失，所以仍不能称为善本。

以上第三种会译本，即魏源所辑《净土四经》中的《无量寿经》，在该会译本中，力求避免王日休校辑本的偏失，备取五译，会成一经，力求句句有来历，用心良苦，所愿极胜，所成亦伟，被学界公认为善本。清代同治中王荫福居士极是推崇魏本，并说："近世邵阳魏居士复本云栖大师之说，遍考诸译，别为一书。包举纲宗，文辞简当，乃得为是经之冠冕。”王荫福居士把魏源的会译本盛赞为诸本中的最好本。

由上可知，净土三经的版本取魏源会辑的《净土四经》是可行的。

从学术价值来看，魏源会辑的净土四经中的总叙、无量寿经会译叙、观无量寿经经叙、阿弥陀经叙以及无量寿经中的夹注等，都反映了当时净土思想发展的最高水平。由于净土三经原典篇幅不长，所以本书全辑也全译了原典。金陵刻经处原净土四经版本中《无量寿经》中的魏氏夹注全部删除，原本中的魏氏等人的叙文也没有附辑。至于现代佛学者夏莲居老居士的会译本，因考虑其篇较长，所以没有选取该本。

《观无量寿经》的汉译现存仅此一本，所以无需多加考虑其他译本或版本问题。

《阿弥陀经》在中土弘传极盛，史载曾三次汉文译出。第一次是姚秦弘始四年（公元四〇二年）二月八日鸠摩罗什在长安逍遥园译出。第二译是刘宋孝建年中（公元四五四—四五六年）求那跋陀罗在荆州辛寺译出，名《小无量寿经》，今已失传。第三译是唐永徽元年（公元六五〇年）正月一日玄奘在长安大慈恩寺译出，名《称赞净土佛摄受经》。另外，此经的藏文译本，是由施戒与智军共译出（也有说是由慧铠日帝与智军共译）。但汉译本中，鸠摩罗什译本因文辞平易而流畅简明，早已成为汉地佛教学人所乐诵的定本，因此《阿弥陀经》取罗什译本。

最后，将净土三经题名的含义作一简要的解释。无量寿，是梵语意译而成，即为阿弥陀佛之意。阿弥陀，梵语 Amitabha 的音译，即阿弥陀佛。阿弥陀佛，为西方极乐世界的教主，净土宗的主要对象。因能接引念佛人往生“西方净土”，所以又称“接引佛”。阿弥陀原是一个国王，后发心出家，名法藏比丘，对佛发四十八愿（或者二十四愿）。经勤苦修行成佛后，现出一个清净世界，接引众生往生那里去修行。该佛还另有十个名号，即无量寿佛、无量光佛、焰王光佛、清净光佛、欢喜光佛、智慧光佛、不断光佛、难思光佛、无称光佛、超日月光佛。

《无量寿经》又称《大无量寿经》《大阿弥陀经》《阿弥陀三耶三佛萨楼佛檀过度人道经》。它的异译本《阿弥陀经》（即《大阿弥陀经》）是吴（公元二二二—二八〇年）支谦译，是《无量寿经》诸译中成立最早的一部。现存五译中，本经的名题各不相同。汉译为《无量清净平等觉经》；吴译为《佛说诸佛阿弥陀三耶三佛萨楼佛檀过度人道经》又名《无量寿经》，又名《阿弥陀经》；魏译为《无量寿经》；唐译为《无量寿如来会》；宋译为《佛说大乘无量寿庄严经》。

《观无量寿经》又称《观无寿佛经》《无量寿佛观经》《无量寿观经》《十六观经》。略称《观经》，观是观想、称念的意思，本经是示现西方极乐净土，并说修三福、十六观为往生方法的经典。

《阿弥陀经》，梵名音译速迦瓦低阿弥哩怛尾喻诃，又译为《一切诸佛所护念经》《诸佛所护念经》《小无量寿经》《小经》《四纸经》。

补充说明的是，我国净土法门主要为弥勒净土、弥陀净土两种。弥勒净土的信仰以东晋道安为最早，著有《净土论》六卷，期生兜率弥勒净土；唐代玄奘与窥基，也以弥勒净土为行持及依归，从此以后，由于修者少，弘扬者更少，渐形衰落，而弥陀信仰则大为隆兴，弥陀净土遂成为诸佛净土的代表。

经典

1　无量寿经

原典

如是我闻：

一时，佛住王舍城耆阇崛山中，与大比丘众，千二百五十人俱。皆是诸大声闻，众所知识，名曰憍陈如尊者、大目犍连尊者、舍利弗尊者、迦叶尊者、阿难尊者，如是等大弟子而为上首。又有普贤菩萨、文殊师利菩萨、弥勒菩萨，及贤劫①中一切菩萨，皆来集会。

此诸菩萨皆具无量行愿②，植众德本，具诸功德，行权方便，游诸佛国，普现一切，供养诸佛，化导众生。达众生相，通诸法性，譬善幻师，幻诸男女等相。于彼相中，实无所得③，入空、无愿、无相三昧，而能具足总持无量百千三昧，住深定门，悉睹现在无量诸佛，于一念[④]中，遍游佛土，分别众生语言，哀愍如己眷属，誓成诸佛无量功德，超诸声闻缘觉之地。又有比丘、比丘尼五百人，清净优婆塞七千人，清净优婆夷五百人，欲界天子八十万，色界天子七十万，遍净天子六十万，梵天一亿，如是无量大众，一时云集。

尔时，世尊威光赫奕，如融金聚，又如净明镜，影畅表里，现大光明，数千百变。尊者阿难，即自思惟：今日世尊，诸根悦豫，清净光颜，巍巍宝刹庄严。我从昔以来，所未曾见，喜得瞻仰，生希有心。即从座起，偏袒右肩，长跪[⑤]合掌，而白佛言：世尊今日入大寂定[⑥]，住甚奇特广大之法，住诸佛所在最胜之道，为念过去未来诸佛耶？为念现在他方诸佛耶？惟愿宣说，利益一切。

尔时，世尊告阿难言："善哉！善哉！阿难，汝为哀愍、利益诸众生故，能问如是微妙之义。汝今斯问，胜于供养一天下阿罗汉、辟支佛，布施累劫诸天人民、蜎飞、蠕动之类，功德百千万倍。何以故？当来诸天人民、一切含灵，皆因汝问而得度脱故。阿难，如来出世，难值难见，犹优昙华，偶尔一现。汝今所问，多所饶益，我当为汝演说，开化一切。"

注释

①**贤劫**：指三劫的现在住劫。全称现在贤劫，佛门认为现在的二十增减住劫中，有千佛贤圣住世化导，故称为贤劫，又称善劫、现劫。贤劫与“过去庄严劫”“未来星宿劫”合称三劫。

②**行愿**：指修行与誓愿，又称愿行。根据《释禅波罗蜜次第法门》卷一上所载，如果有愿而无行，那么就如一人要度到彼岸，而不肯预备船筏一般，此人一定会常在此岸，永不得度；菩萨虽发四弘誓愿，如果不修四行，也是这样。因此，修行与誓愿如鸟之双翼，如果不能兼备，就不能到达所期之境。

③**无所得**：又称无所有，略称无得，与“有所得”对应。意思是指体悟无相之真理，内心无所执着，无所分别。反之，如果执着诸法差别之相，堕入有无边邪之见，就称作有所得。诸法均由因缘所生，本无自性，以无自性，故无决定相可得，称为无所得。这就是不堕于生灭、常断、一异、来去等四双八计之中道正观。《大智度论》卷十八载：“诸法实相中，受决定相不可得故，名无所得。”

另外，因菩萨永断一切生死，出离三界，住于一切智，是无所得大乘之至极，所以菩萨也称无所得。北本《大般涅槃经》卷十七载：“有所得者名生死轮，一切凡夫轮回生死，故有所见。菩萨永断一切生死，是故菩萨名无所得。”

④**一念**：指一次心念。念为思念之意，一般有心念、观念、称念，故以一念配合一声佛号，称名一句，即谓一念。

⑤**长跪**：为佛门礼法之一，两足屈膝着地，以示礼敬。

⑥**寂定**：指禅定之境，意思是于诸法不起妄想妄念。

译文

我亲自听佛这样说：

那时，释迦牟尼佛住在王舍城附近的耆阇崛山中，与诸多的大比丘僧共一千二百五十人在一起。这些大比丘僧都是众所周知的佛的声闻大弟子，他们中间，憍陈如尊者、大目犍连尊者、舍利弗尊者、迦叶尊者、阿难尊者等人都是上首弟子。另外，普贤菩萨、文殊师利菩萨、弥勒菩萨以及现在贤劫中的一切菩萨，也来会聚一堂。

这些菩萨，誓愿宏大，广种善根，具足无量功德，善巧示化，渡济众生。他们游化于诸佛国土，普遍示现一切色身，供养十方诸佛，化导一切有情众生。并能了达众生之相，融通诸法之真实体性，就像那善变的幻士，变化为同世间男女一样的身相。这些菩萨，虽身化世相，却处于无所执着、无所分别的菩萨乘境界，住于空寂、无愿、无相的三昧中，并能总摄忆持无量佛法入于千百种体悟妙境，住于深妙正定的法门，皆能看到现在世的无量诸佛，能在一念之间，游遍十方佛国，区分辨别众生的言语，像对待自己的眷属一般体恤、怜愍他们，以慈悲的心怀立誓成就诸佛的不可计量功德，超越于声闻乘、缘觉乘，而达菩萨乘的境界。此外，聚会的众人当中，还有比丘、比丘尼五百人，清净优婆塞七千人，清净优婆夷五百人，欲界天子八十万人，色界天子七十万人，遍净天子六十万人，梵天一亿人，一时人如云集，不可计量。

与此同时，释迦牟尼佛神采奕奕，威光四射，恰似金光融融，又如明镜光彻，表里清明。这样的威光神明千变万化，大放异彩。阿难尊者见释迦牟尼佛这般威光神明，心里独自思量着：我以前从未见过释尊像今天这样，诸根愉悦，清净光明，智炬照人，让这方佛土这般巍巍庄严。看到这般情景，真令人生出稀有难得之心。于是，阿难即从座上站起来，向前跨出一步，偏露右肩，合掌长跪，向释尊说道：世尊您今天入于大寂定之禅境，修住于奇特深广的佛法，处于诸佛修道的最殊胜境界，莫非是忆念着过去未来诸佛？莫非忆念着现在他方诸佛？恳请您为大家宣说佛法，利益一切众生。

那时，释迦牟尼佛听罢阿难的话，高兴地说："很好！很好！阿难，因为你有悲悯众生、利益他人的心愿，所以能提问佛法精妙之义。你这一发问，胜过供养天下的阿罗汉、辟支佛，也胜过布施累劫之中的诸天人民以及蜎飞蠕动等一切有情。这一发问，真是功德无量。为什么这样说呢？因为就是你这一问，当来诸天人民以及一切有情众生，都有度脱迷障、共登彼岸的希望。阿难，你可知道，如来出世，难遇难见，就像那优昙花一样，偶尔一现。你这一问，很多人会因此而得到利益，我将为你等宣说佛法，以开示化导一切有情众生。"

原典

佛告阿难："乃往过去久远，无量不可思议无央数劫，有佛出世，名世自在王如来，住世四十二劫。彼佛法中，有一比丘，名曰法藏，本是国王，闻佛说法，寻发无上真正道意，弃国捐王，行作沙门，智慧勇猛，无能逾者。

"诣世自在王如来所，顶礼佛足，向佛合掌，而白佛言：'唯然世尊，我已发无上正觉之心，愿佛为我广宣诸佛国净土庄严，令我于世得无等觉，成大菩提。'时，世自在王佛，语法藏比丘：'庄严佛土，汝当自摄①。'比丘白佛：'斯义宏深，非我境界。唯愿世尊，为我敷演。'

"尔时，世自在王佛，知其高明，志愿深广。即为广说二百一十亿诸佛刹土，天人善恶、国土粗妙，应其心愿，悉现与之。时，彼比丘闻佛所说，严净国土，皆悉睹见，起发无上殊胜之愿。其心寂静，志无所着，修习功德，发大誓愿，摄取②庄严，具足五劫。

"往诣世自在王佛言：'我今为菩萨道，欲令我后作佛时，于八方上下诸无央数佛中，智慧光明功德，都胜诸佛国者，宁可得否?'佛言：'譬如大海，一人斗量，经历劫数，尚可穷底。人至心求道，何愿不得?'时，法藏比丘，稽首礼足，绕佛三匝，合掌而住，白佛言：'世尊，我已摄取庄严佛土清净之行，唯垂听察：

注释

①**自摄：**与"他摄"对称。指以戒法专摄身、口、意三业，使不放逸。另外，以自己发愿修行之力，摄持而证得果位，也称自摄。此义同于自力，即以自力为体，自摄为用。《安乐集》卷上说："一切万法皆有自力他力，

自摄他摄。”

②**摄取**：又称摄取不舍。即指阿弥陀佛摄受护念念佛众生而不舍。据《观无量寿经》载，阿弥陀佛之光明遍照十方世界，摄受照护念佛之众生而不舍，故称摄取不舍，或称摄取照护、摄护。其光明利益，称为摄取光益。《观无量寿佛经疏·定善义》举出念佛众生蒙摄取利益的三缘，称为摄取三缘。这三缘是：亲缘、近缘、增上缘。亲缘是指佛与众生的意志、行为（即三业）相应；近缘是指众生愿见佛，佛即应念显现于其眼前；增上缘，指众生由念佛而消除其罪障，临终时，佛与圣众迎往净土。(参见《观无量寿佛经疏》卷下)

译文

佛陀告诉阿难说：“从今上溯过去，在不可计量的劫数之前，有一个名叫世自在王如来出世，世自在王如来住世四十二劫。在他传法期间，有一国王听了佛之说法后，出家为僧，号名法藏。法藏潜心佛法，发愿成就无上真正佛道，抛弃世间国土王位及富贵荣华，投身佛门出家，精进修行，佛智猛增，没有人能比的。

“一次，他来到世自在王如来的住所，在佛的双足前顶礼，合掌施敬，向佛说道：‘世尊，我已发成就无上正觉之心，请您为我宣说诸佛国土的清净庄严，好让我获得最高觉悟，成就无上正等正觉。’那时，世自在王如来听罢这话，对法藏比丘说：‘法藏，你应当自力摄持，成就佛土庄严。’法藏对世自在王佛说：‘你的意境精妙深广，不是我这种境界所能达到的，恳请您为我铺陈宣说。’

“那时，世自在王佛听法藏这一说，知道法藏心智高明，志愿宏大，就当即满足法藏的心愿，为他广说二百一十亿诸佛国土，其天人善恶、国土粗犷妙净秽之事，也一一应他心愿示现给他。那时，法藏比丘听过佛宣说的佛法之后，承世自在王佛之威神，得佛之天眼，一下子彻见那庄严清净的佛土，继而生发成就最高佛道的誓愿。法藏比丘心念清净，无所执着，精勤求索，修习摄取佛土之大愿，历经五劫，大愿方成。

“于是，法藏比丘又来到世自在王佛的住处，对世自在王佛说：‘我现修持菩萨道，假如我日后修行觉悟成佛，与八方上下无数诸佛相比，能否达到智慧光明功德，都超过他们的庄严清净佛土？’佛说：‘法藏，你看那烟波浩渺、苍苍茫茫的大海，即便一人用斗量，天长日久，也可以见底。倘若人心精诚求道，有什么愿望不能实现？’那时，法藏比丘听后，顶礼佛足，绕佛三周，然后合掌安住于佛面前，说道：‘世尊，我已摄取了庄严佛土清净之行，请求你听我所说，鉴我诚心：

原典

第一愿，设我得佛，国中无三恶道之名。设有地狱、饿鬼、畜生，乃至闻其名者，不取正觉。

第二愿，设我得佛，国中天人，纯是化生，无有胎生，亦无女人。其他国女人，有愿生我国者，命终即化男身，来我刹土，生莲华中，华开见佛。若不尔者，不取正觉。

第三愿，设我得佛，若国中天人，形色①不同，尚有好丑，不悉金色身、三十二相②者，不取正觉。

第四愿，设我得佛，国中天人，若不皆识宿命③，下至知百千亿那由他④诸劫事者，不取正觉。

第五愿，设我得佛，国中天人，不得天眼，下至见百千亿那由他诸佛国者，不取正觉。

第六愿，设我得佛，国中天人，不得天耳，下至闻百千亿那由他诸佛所说，不悉受持者，不取正觉。

第七愿，设我得佛，国中天人，不得见他心智，下至知百千亿那由他诸佛国中，众生心念⑤者，不取正觉。

第八愿，设我得佛，国中天人，不得神足，于一念顷，下至不能超过百千亿那由他诸佛国者，不取正觉。

第九愿，设我得佛，国中天人，若不得漏尽住灭尽定，及决定证大涅槃者，不取正觉。

第十愿，设我得佛，国中天人，若不悉得广长舌⑥，说法善巧、辩才无碍者，不取正觉。

第十一愿，设我得佛，光明若有限量，不遍照百千亿那由他诸佛国，普胜诸佛光明，令彼十方众生触此光明，身意柔软、罪垢灭除，命终皆得生我国者，不取正觉。

第十二愿，设我得佛，寿命若有限量，下至百千亿那由他劫者，不取正觉。

第十三愿，设我得佛，国中声闻⑦，若有数量，乃至三千大千世界众生，悉成缘觉，于百千劫，悉其计校，能知其数者，不取正觉。

第十四愿，设我得佛，国中天人，寿命亦皆如佛，无有限量、永无生死，除其本愿⑧示现修短自在，若不尔者，不取正觉。

注释

①**形色**：此处是形体与色相的意思，即指生于国中者的颜色形貌。

②**三十二相**：指转轮圣王及佛之应化身所具足的三

十二种殊胜形貌与微妙形相。这三十二相一般指（一）足下安平立相，（二）千辐轮相，（三）手指纤长相，（四）手足柔软相，（五）手足缦相，（六）足跟满足相，（七）足趺高好相，（八）腨如鹿王相，（九）手过膝相，（十）马阴藏相，（十一）身纵广相，（十二）毛孔生青色相，（十三）身毛上靡相，（十四）身金色相，（十五）常光一丈相，（十六）皮肤细滑相，（十七）七处平满相，（十八）两腋满相，（十九）身如狮子相，（二十）身端直相，（二一）肩圆满相，（二二）四十齿相，（二三）齿白齐密相，（二四）四牙白净相，（二五）颊车如狮子相，（二六）咽中津液得上味相，（二七）广长舌相，（二八）梵音深远相，（二九）眼色如绀青相，（三十）眼睫如牛王相，（三一）眉间白毫相，（三二）顶成肉髻相。

③**宿命**：指过去世的命运，又称宿住。即总称过去一生、无量生中的受报差别、善恶苦乐等情状。如果能知晓、洞悉这些情状，称为宿命通。

④**那由他**：是印度数量的名称，又作那由多、那庾多、尼由多、那术、那述。意译作兆、沟。据《俱舍论》卷十二所载，十阿由多为一大阿由多，十大阿由多为一那由他，所以一那由他是一阿由多的一百倍。一阿由多为十亿，所以一那由他为一千亿，通常就以一千亿为佛教所说的那由他的数量。另外，就印度一般数法而言，

阿由多为一万，那由他则是一百万。

⑤**心念**：即心识之思念，通常指心识中刹那相续的念头。

⑥**广长舌**：即广长舌相，为佛三十二大人相之一，又称长舌相，舌相。诸佛之舌广而长，柔软红薄，能覆面至发际，如赤铜色。广长舌相具有两种特征：一是语必真实，二是辩说无碍；没有人能超越。

⑦**国中声闻**：指阿弥陀佛国中的声闻弟子。此中的声闻弟子全都发菩提心，欲往生净土，所行必是菩萨乘，而非原本意义上与大乘相左的声闻乘，所以国中声闻应全是菩萨弟子，以下“缘觉”也是。总之，阿弥陀佛国中的声闻、缘觉，只是就断惑的情况而言。虽断见思，未破尘沙与无明惑，就称声闻，这样的声闻不是自度自利的小乘，声闻、缘觉最终还趋无上佛果。

⑧**本愿**：是指“因位”的誓愿。全称本弘誓愿，又称本誓、宿愿，即佛及菩萨在过去世没有成就佛果之前为救度众生所发起的誓愿。在因位发愿到今世证得佛果，所以相对于“果位”而言所起的誓愿就是本愿。另外，“本”又有根本的意思，虽然说菩萨之心广大，誓愿也无量，但以此愿为根本时，就称“本愿”。佛菩萨所发的本愿有好多种，例如，一切菩萨都发菩提心，以坚毅的弘誓救度众生，断除烦恼，累积德行，期望能成就佛果，

这就称为总愿，如四弘誓愿、二十大誓庄严等。如果分别在净佛国土发大愿，各于十方净其国土，成就诸众生，或愿于秽土成佛，救度难化之众生，这些依照诸菩萨各自的意愿所发的誓愿，称为别愿，如弥勒奉行十善愿等都称为别愿。

此外，作为本愿所救济的目标、对象者，称为本愿实机或本愿正机，即指末代浊世的众生。本愿所誓行的念佛，称为本愿行。

译文

第一愿，愿我成佛时，我的佛国中没有地狱、饿鬼、畜生这三恶道之名。如果存在地狱、饿鬼、畜生，或者还有听到三恶道的名称，我将终不成佛。

第二愿，愿我成佛时，我佛国中的天人众生，都是化生，没有胎生，也没有女人。如果他方世界有女人愿往生我佛国，则使女人命终之时就化为男身，往生到我佛土，来我佛国时，生于莲花中，莲花盛开，便可亲眼见佛。如果不能这样，我将终不成佛。

第三愿，愿我成佛时，假如佛国中的天人众生，形貌颜色有所差别，甚至有好丑之分，身体如都不是真金色，不是三十二种大丈夫相的话，我将终不成佛。

第四愿，愿我成佛时，我佛国中的天人众生，都能知晓过去世的命运，成为宿命通，继而能洞悉无量劫前世的善恶苦乐情状，如果不能这样，我将终不成佛。

第五愿，愿我成佛时，我佛国中的天人众生，都能得到天眼神通，能洞见百千亿兆之多的他方佛国的情状，如果不能如此，我将终不成佛。

第六愿，愿我成佛时，我佛国中的天人众生，都能得到天耳神通，能听到百千亿兆尊佛所说佛法，继而闻法受持，如果不能这样，我将终不成佛。

第七愿，愿我成佛时，我佛国中的天人众生，都能得到他心神通，能洞悉无数佛国众生的心识中刹那相续的念头，如果不能这样，我将终不成佛。

第八愿，愿我成佛时，我佛国中的天人众生，能得到神足通，能在一刹那间，踏迹万千佛土、周巡万千佛国，如果不能这样，我将终不成佛。

第九愿，愿我成佛时，我佛国中的天人众生，能得到漏尽神通，能定成无上正等正觉，证得大涅槃佛果，如果不能如此，我将终不成佛。

第十愿，愿我成佛时，我佛国中的天人众生，都能得广长舌相，宣说佛法真实巧妙、辩说无碍，辩才没人能超越，如果不能如此，我将终不成佛。

第十一愿，愿我成佛时，我的光明无限，遍照他方诸佛国土，佛光超绝，无与伦比。光明朗照时，令彼十方世界众生，顿觉身心柔软，垢灭善生，命终之际，都能来生我的佛国。如果不能这样，我将终不成佛。

第十二愿，愿我成佛时，寿命无量，非百千亿兆劫数所能胜数，若非如此，我将终不成佛。

第十三愿，愿我成佛时，我的声闻弟子不可计数，乃至三千大千世界众生都成缘觉，即使以百千劫之时间共同计算，都不能知晓我佛国中万亿声闻、缘觉弟子的数量。如果不能这样，我将终不成佛。

第十四愿，愿我成佛时，我佛国中天人众生，都像佛一样寿命无量，超越生死，那本来发起的示现寿命长短自由自在随心所欲的宿愿除外，假如不能如此，我将终不成佛。

原典

第十五愿，设我得佛，国中天人，若不皆身具无边光明，照曜诸佛国土者，不取正觉。

第十六愿，设我得佛，名声普闻，十方世界，无量诸佛，若不悉咨嗟称叹我名者，不取正觉。

第十七愿，设我得佛，十方众生，闻我名号，发菩提心，至心信乐[①]，欲生我国，乃至临终十念求生，若不见佛与大众围绕现其人前者，不取正觉，惟除五逆②、诽谤正法。

第十八愿，设我得佛，他方佛土诸菩萨众，来生我国，究竟必至一生补处。除其本愿，自在所化，为度脱一切众生故，遍游佛国，修菩萨行者，虽生他国，终不受三途③苦，永不退失善根。若不尔者，不取正觉。

第十九愿，设我得佛，国中天人，虽住声闻、缘觉之位，而能承佛神力，供养诸佛，一食之顷，若不能遍至无数无量诸佛国者，不取正觉。

第二十愿，设我得佛，国中天人，衣服饮食，应念所需，自然化现在前。乃至于诸佛所，种种供养，香华、幢盖、璎珞、音乐，应念圆满④，无所从来，无所从去。乃至欲求诸佛就供，以佛神力，应念即得他方诸佛，舒臂来此，受其供养，若不尔者，不取正觉。

第二十一愿，设我得佛，国土清净，皆悉照见⑤十方一切诸佛世界，若不尔者，不取正觉。

第二十二愿，设我得佛，国中有无量道场树⑥，高或百千由旬⑦，或四百万由旬，诸菩萨欲见诸佛净国庄严，悉于宝树间见，犹如明镜，睹其面像，若不尔者，不取正觉。

第二十三愿，设我得佛，自地以上，至于虚空，宫殿、楼观、池流、华树、国土所有一切万物，皆以无量杂宝、百千种香而共合成，严饰奇妙，超诸天人。其香普熏十方世界，供养诸佛，菩萨闻者，皆修佛行，若不如是，不取正觉。

第二十四愿，所有他方佛刹，声闻缘觉闻我名号，不发大心，不得坚固不退转，究竟成就阿耨多罗三藐三菩提者，不取正觉。’”

佛告阿难：“尔时，法藏比丘说此愿已，以偈颂曰：

我建超世愿，必至无上道；
斯愿不满足，誓不成等觉。
我于无量劫，不为大施主；
普济诸贫苦，誓不成等觉。
我至成佛道，名声超十方；
究竟有不闻，誓不成等觉。
离欲深正念，净慧修梵行；
志求无上尊，为诸天人师。
供养一切佛，具足众德本；
愿慧悉成满，得为三界雄。
如佛无碍智，通达靡不照；
愿我功德力，等此最胜尊。
斯愿若尅果，大千应感动；
虚空诸天神，当雨真妙华。”

注释

①**至心信乐**：至心是指至诚之心、至极之心；信乐是指信顺所闻之法而爱乐之。至心信乐即信心欢喜、诚心爱悦的意思。

②**五逆**：也称作五逆罪。是五重罪的意思，指罪大恶极、极逆于佛理的人。五逆有大乘五逆、小乘五逆之分。小乘五逆（单五逆）是指：害母、害父、害阿罗汉、恶心出佛身血、破僧等五项。大乘五逆（复五逆）是指：（一）破坏塔寺、烧毁经像、夺取三宝之物，或教唆他人做以上坏事，心生欢喜；（二）诽谤声闻、缘觉以及大乘法；（三）妨碍出家人修行，或者杀害出家人；（四）犯小乘五逆罪之一；（五）主张所有皆无业报，而行十不善业，或者不畏惧后世果报，而教唆他人行十恶等。

③**三途**：又作三涂。通常指地狱、饿鬼、畜生三恶道，是因身、口、意诸恶业所引生之处。在地狱道，受苦的众生常为镬汤炉炭之热所苦；在饿鬼道，众生常受刀杖驱逼等苦；在畜生道，受苦众生强者伏弱、互相吞啖，饮血食肉。

④**圆满**：是周遍充足，无所缺减的意思。

⑤**照见**：即照鉴，指佛、菩萨洞然照见众生的所有行为。佛门还常以“照鉴无私”一语表示佛菩萨对有情众生公正无私的态度。

⑥**道场树**：即指菩提树，又作觉树、道树、思惟树。释迦牟尼于菩提树下金刚座成佛，故称道场树。道场树也是阿弥陀佛三十七名号之一，昙鸾的《赞阿弥陀佛偈》中说：“稽首顶礼道场树。”此处的道场树即为阿弥陀佛名号。

⑦**由旬**：梵语意译为合、和合、应、限量、一程、驿等，又作逾阇那、逾缮那、逾膳那、俞旬、由延。是印度计算里程的单位。另外据《大唐西域记》卷二记载，一由旬指帝王一日行军的路程。有关由旬的计数有各种不同的说法。就由旬换算拘卢舍而言，印度的国俗是采取八拘卢舍为一由旬，在佛典中，也有以八拘卢舍为一由旬的说法。就配合我国的里数而言，也有不同的说法，据《大唐西域记》卷二记载，旧传的一由旬可换算为四十里，印度的国俗为三十里，佛教为十六里；《慧苑音义》卷下记载为十六或十七里。另外据义净的《根本说一切有部百一羯磨》卷三的夹注记载，印度的国俗为三十二里，佛教为十二里。

译文

第十五愿，愿我成佛时，我佛国中天人众生，全都金身灿灿，光明无量，遍照他方诸佛国土。若不能如此，我将终不成佛。

第十六愿，愿我成佛时，我的声名广为流布在十方佛土，无数诸佛，都能称扬赞叹我的名号。如果不能这样，我将终不成佛。

第十七愿，愿我成佛时，十方世界的众生，能听到我的名号，生发菩提心愿，至诚至信，爱悦佛法，愿往生我佛国土者，乃至在临终之时，念佛十声，以求往生。愿所有的十方众生，那些五逆不道、诽谤正法众生除外，都能在临终之时，看到佛与佛国众生来到其人面前，被接引往生佛国净土。如果不能这样，我将终不成佛。

第十八愿，愿我成佛时，他方佛国里的菩萨众生，往生我佛国土后，究竟必能在一生里就达到候补佛的位子。那些本来誓愿为度脱一切众生而游化四方，随意示现各种身相的修菩萨行的人除外。即便如此，这些化导众生的菩萨行者，虽生在他方国土，却永远不受地狱、饿鬼、畜生三恶道之苦，其善根也将永不退失。如果不能这样，我将终不成佛。

第十九愿，愿我成佛时，我佛国中的天人众生，即使处在声闻、缘觉的修行果位上，也能借助佛的神力，供养他国诸佛，并能在短促的时间内，遍迹无数无量诸佛国土。如果不能这样，我将终不成佛。

第二十愿，愿我成佛时，我佛国中的天人众生，吃饭穿衣，任心念需求，应有尽有，自然而然化示显现在面前。乃至于诸佛的住所，各种香花、幢盖、璎珞、音乐，也周遍充足，应有尽有，以供养诸佛。种种丰富的供养，去来无迹可寻，想求他方诸佛来接受供养时，凭借佛的神力，能以心念召唤他方诸佛即舒臂而来，接受我佛国土众生的供养。如果不能这样，我将终不成佛。

第二十一愿，愿我成佛时，国中佛土清净光明，洞然照察十方一切诸佛世界，如果不能这样，我将终不成佛。

第二十二愿，愿我成佛时，我佛国土中生长无数菩提树，菩提树巍然高大，有的树高成百上千公里，有的超过四百万公里，诸菩萨想要看到诸佛国土的清净庄严，都可以在菩提树间看见，就像那明镜清晰，能观照身影和脸面。如果不能如此，我将终不成佛。

第二十三愿，愿我成佛时，从广袤大地上，到寥廓虚空中，一切宫殿、亭台楼阁、城池河流、香花宝树等一切万物，都用无数众宝、成百上千种香和合而成，装饰布置得精妙绝奇，超绝于天界人界。愿我国土中的绝色奇香、遍熏十方一切佛土，供养十方诸佛，十方诸菩萨闻到后，全都修行无上佛道。如果不能这样，我将终不成佛。

第二十四愿，愿我成佛时，所有他方佛土的声闻缘觉众生，能听到我的名号后，生发宏大心愿，修行坚固善根，愈增愈进，永不退失，最终成就无上正等正觉，证得佛果。如果不能这样，我将终不成佛。’”

佛告诉阿难：“当时法藏比丘说完以上这些誓愿，又用偈颂进一步表达行愿。偈颂这样说：

我建超世愿，必至无上道；
斯愿不满足，誓不成等觉。
我于无量劫，不为大施主；
普济诸贫苦，誓不成等觉。
我至成佛道，名声超十方；
究竟有不闻，誓不成等觉。
离欲深正念，净慧修梵行；
志求无上尊，为诸天人师。
供养一切佛，具足众德本；
愿慧悉成满，得为三界雄。
如佛无碍智，通达靡不照；
愿我功德力，等此最胜尊。

斯愿若尅果，大千应感动；

虚空诸天神，当雨真妙华。”

原典

佛告阿难："法藏比丘说此颂已，应时普地六种震动[①]，天雨妙华，以散其上，自然音乐，空中赞言，决定必成无上正觉。

"阿难，法藏比丘于其佛所，诸天[②]、魔、梵[③]、龙神八部[④]大众之中，发斯宏誓愿已，一向专志，庄严妙土。所修佛国开廓广大，超胜独妙。于阿僧祇劫，修行布施、持戒、忍辱、精进、禅定、般若六波罗蜜，亦教人行六波罗蜜。以大庄严，具足众行，三昧常寂，智慧无碍，住空、无相、无愿之法，无作无起，众法如化。或为长者、居士、豪姓尊贵、或为刹利国王、转轮圣帝、或为六欲天主乃至梵王，常以四事供养[⑤]恭敬诸佛。由成就如是诸善根故，随所生处，有无量宝藏自然涌出，身诸毛孔出无量香，普熏世界。无量众生闻之，皆发阿耨多罗三藐三菩提心，于一切法而得自在，所说诸愿皆悉得之。现在西方，去阎浮提[⑥]十万亿佛刹，有世界名曰极乐，佛名无量寿佛。成佛以来，于今十劫，有无量无数菩萨、声闻围绕说法。

“阿难，彼佛所放光明，照遍东方恒沙[7]佛刹，南、西、北方，四维上下，亦复如是。若化顶上圆光[8]，或一二三四由旬，或百千由旬，或亿万由旬，或照一二佛刹，百千佛刹，乃至遍照无量无边无数佛刹。是故无量寿佛，亦名无量光佛，如是光明，普照十方一切世界。其有众生，遇斯光者，垢灭善生，身意柔软。若在三途极苦之处，有缘见此光明，皆得休息，命终皆得解脱。若有众生，闻其光明功德，日夜称说，至心不断，随意所愿，得生其国。

注释

①**六种震动**：指大地震动的六种相，又作六变震动，六反震动。略称六震、六动。关于“六种震动”一般有三种解释，第一，认为六时之动为六动：(一) 佛入胎时，(二) 出胎时，(三) 成道时，(四) 转法轮时，(五) 由天魔劝请将舍性命时，(六) 入涅槃时。第二，认为能动六方是六动。《大品般若经》卷一说：“尔时世尊故在师子座，入师子游戏三昧。以神通力感动三千大千国土，六种震动。东涌西没，西涌东没，南涌北没，北涌南没，边涌中没，中涌边没，地皆柔软，令众生和悦。”这里举出东涌西没等震动的六相。第三，认为动有六相，以六

相之动，名为六动。晋《华严经》举出动、起、涌、震、吼、觉为六动。动是摇荡，起是升高，涌是凹凸，震是有声，吼是巨响，觉是觉他。

关于六种震动的因缘，《大智度论》卷八载：“佛何以故震动三千大千世界。答曰：欲令众生知一切皆空无常故。复次，如人欲染衣，先去尘土。佛亦如是，先令三千世界众生见佛神力，敬心柔软，然后说法。是故六种动地。”此外，《长阿含经》卷二《游行经》载有地动的八种因缘：(一) 地在水上，水止于风，风止于空，空中大风自起则大水扰，大水扰则普地震动。(二) 得道之比丘、比丘尼及大神尊天，观水性多，观地性少，欲知试力则普地震动。(三) 若菩萨由兜率天降神母胎，专念不乱，普地大动。(四) 菩萨始出母胎，从右胁生，专念不乱，则普地震动。(五) 菩萨初成无上正觉，地大震动。(六) 佛初成道转无上法轮，则普地震动。(七) 佛之说教将毕，欲舍生命，则普地震动。(八) 如来于无余涅槃界涅槃时，地大震动。

②**诸天**：根据诸经而言，欲界有六天（六欲天），色界有十八天，无色界的四处有四天，其他尚有日天、月天、韦驮天等诸天神，总称为诸天。据《普曜经》卷六载，释尊在菩提树下成道，诸天皆前来庆贺。

③**魔梵**：是并指欲界第六天的他化自在天魔与色界

的梵天王。《俱舍论记》卷三说："魔，谓他化自在天魔；梵，谓梵王。"

④**龙神八部：**又作天龙八部、八部众。是指守护佛法的诸神。八者就是，天、龙、夜叉、乾闼婆、阿修罗、迦楼罗、紧那罗、摩睺罗迦。这些异类全都归化于佛的威德，成为佛的眷属，住在诸佛的受用之地，护持佛及佛法。另外，天龙八部又指四天王率领的八部族，即乾闼婆、毗舍阇、鸠槃荼、薜荔多、龙、富单那、夜叉、罗刹。

⑤**四事供养：**指供给资养佛、僧等日常生活所需要的四种物品。四事，就是指衣服、饮食、卧具、医药，或者指衣服、饮食、汤药、房舍等。

⑥**阎浮提：**又作阎浮利、赡部提、阎浮提鞞波。阎浮，梵语是树之名；提，梵语是洲的意思。梵汉兼译叫做剡浮洲、阎浮洲、赡部洲、谵浮洲。略称为阎浮。旧译为秽洲、秽树城，意思是盛产阎浮树的国土。另外，又因为阎浮洲出产阎浮檀金，所以有人把阎浮提译为胜金洲、好金土。阎浮洲是须弥山四大洲的南洲，故又称南阎浮提、南阎浮洲、南赡部洲。原来是指印度之地，后来泛指人间世界。

阎浮洲的地形南狭北广，纵横七千由旬，人的面像也与这样的地形相似。另外，阎浮洲上，阿耨达池之东有恒伽（殑伽）河，从牛之口出，从五百河入于东海。西有婆叉（缚刍）河，从马的口出，从五百河入于西海。南有新头（信度）河，从狮子的口出，从五百河入于南海。北有斯陀（徒多）河，从象的口出，从五百河入于北海。《俱舍论》卷十一记载，四大洲中，只有该洲中有金刚座，一切菩萨将登正觉，皆坐此座。

⑦**恒沙**：即恒河之沙，又作恒边沙、恒水边流沙、江河沙、殑伽沙、恒河沙数等。恒河沙粒很细，其数量无法计算，所以经中凡是形容无法计算的数字，多以“恒沙”这样的词作比喻。例如《阿弥陀经》中说：“如是等恒河沙数诸佛。”

⑧**圆光**：指从佛菩萨顶上放出的圆轮光明。

译文

佛告诉阿难：“当法藏比丘把偈颂说完，整个大地顿时出现六种震动，天空飘着奇妙的花儿，散落在广阔的大地上，美妙的天籁乐音也悠然而至，空中宣弘种种赞言，肇示法藏比丘必能成就无上正等正觉，证得佛果。

“阿难，那法藏比丘在世自在王如来前以及诸天、魔、梵、龙神八部等大众之中，阐发完上述弘大誓愿之后，勇猛精进，专心致志，以成就清净庄严、不可思议的佛土。他所修的佛土空旷无涯，辽阔无际，能广容无量往生的众生。法藏比丘于无量劫中，修布施、持戒、忍辱、精进、禅定、般若等六度之行，同时教化他人修行六度。以崇高的福德、智慧庄严具足那一切德行，从而达到绝名相、离烦恼、不生不灭、智慧圆满、住于常寂的正定境界，观诸法如幻如化。法藏比丘由于积功累德，所以感生胜果，或为长者、居士、或作豪姓尊贵，或为国王、转轮圣帝，或作六欲天主甚至大梵天王，上宏下化，能满所愿，并常常以衣服、饮食、卧具、医药等供养尊重诸佛。由于法藏比丘成就如此无量功德、广植无量善根，所以随他所生之处，有无尽的妙法宝藏自然涌现，全身毛孔也散发无量的妙香，熏遍大千世界。无量众生闻香之后，全都生发成就无上菩提的心愿，示现无量无边的法门，做任何事件均自由无碍。总之，法藏比丘所说的各个誓愿全都如愿实现。现在，在离现世人间世界十万亿远的西方，有一佛国土名叫极乐世界，其佛的名字叫无量寿佛。无量寿佛成佛以来，至今已历经十劫时间，身边有不可计数菩萨、声闻跟从听闻佛法。

“阿难，那无量寿佛所放的智慧光明，照遍东方世界像恒河之沙般不可计数的佛土，南方、西方、北方及四维上下，也是如此。这智慧光明如果化为无量寿佛头顶上的光轮，或者一、二、三、四由旬长，或者百千由旬长，或者亿万由旬长，或遍照一二佛土，或成百上千个佛土，甚至不可计数的泱泱无边的佛国土地。正因如此，无量寿佛也称为无量光佛。他的无限光明，普遍照耀十方一切世界，十方世界的一切众生，如果承受到佛光照耀，就能罪垢消灭而善根增长，身心柔软清净。如果处在三恶道的极苦的境况中，有缘受佛光泽被，都能脱离苦途，临终之时获得解脱。对于众生来说，如果能在听说无量寿佛的无量光明功德之后，日夜称说无量寿佛，专心致志，诚心不断，念念不忘，随自己所愿，最终就能往生无量寿佛的极乐世界。

原典

“复次阿难，无量寿如来，有无量无数声闻之众，譬喻算数所不能及。阿难，彼大目乾连，神通第一，三千大千世界所有一切星宿、众生，于一昼夜悉知其数。假使百千万亿声闻，神通之力，皆如大目乾连，一一声闻寿百千万亿岁，尽其寿命，数彼声闻百分之中，不及一分。

“复次阿难，譬如大海，深八万四千由旬，广阔无边。假使有人，出身一毛，碎为百分，细如微尘。以一毛尘沾海一滴，此毛尘水，较海孰多？阿难，彼目乾连等声闻之众，尽其形寿，所知数者，如毛尘水，所未知者如大海水，彼佛及诸菩萨寿量、劫数，亦复如是。

“又其国土，七宝诸树，周满世界。金树、银树、琉璃树、玻璃树、真珠树、砗磲树、玛瑙树，或有二宝、三宝、四宝、五宝、六宝、七宝转共合成，根茎枝干，此宝所成，华叶果实，他宝化作。或有宝树，黄金为根，白银为身，琉璃为枝，玻璃为梢，真珠为叶，砗磲为华，玛瑙为果。其余诸树，诸宝辗转相互，亦复如是。行行相望，枝枝相对，叶叶相当。

“又无量寿佛国，其道场树高四百万里，其本周围五千由旬，枝叶四布二十万里，一切众宝，自然合成珍妙宝网，罗覆其上，微风吹动，演出无量妙法音声，流遍国中。若有众生，睹菩提树，闻声嗅香，尝其果味，触其光影，念树功德，皆得五根清净，住不退转至成佛道。

“复次阿难，彼佛国土，清净严饰，宽广平正。无有丘陵、坑坎、荆棘、沙砾、土石等山，黑山、雪山、宝山、金山、须弥山①、铁围山、大铁围山，惟以黄金为地。”

阿难闻是语已，白世尊言：“若无须弥山，其四天王天②、忉利天③依何而住?”佛语阿难：“四禅天④、色究竟天⑤，依何而住? 当知众生业因果报，不可思议，诸佛神力，亦不可思议。彼佛国净土，本无人天之别，惟顺余方，示有三界。”

注释

①须弥山：意译为妙高山、好光山、好高山、善高山、善积山、妙光山、安明由山。原为印度神话中的山名，佛教宇宙观沿用了它，把它规定为耸立于一小世界中央的高山。以此山为中心，周围有八山、八海环绕，而形成一个须弥世界。须弥山由四宝组成，处于大海中，高出水面三百三十六万里，水面之下也深达三百三十六万里。山中香木繁茂，山四面四埵突出，有四大天王的宫殿，山基有纯金沙，此山有上、中、下三级“七宝阶道”，夹道两旁有七重宝墙、七重栏楯、七重罗网，七重行树。花果繁盛，香风四起，无数奇鸟，相和而鸣，诸鬼神住于其中。须弥山顶有三十三天宫，中央为帝释天所居，其余三十二天，分住在四侧。四天王天，居住在山的半腹。南赡部洲等四大洲，在海的四方。

②四天王天：是欲界六天中第一天，天处的最初。又称四大王众天、四天王天、四大天王众天。佛教的世界观中，在须弥山的第四层，有一山名叫由犍陀罗，山有四头，四天王及其部众各住其一，各镇护一天下，所以称护世四天王、四镇，其居住的地方称为“四王天”。

四王天就是东面的持国天、南面的增长天、西面的广目天、北面的多闻天。四王天与忉利天合称为四王忉利。在四王天中，四天王与天众的寿量为五百岁，那里的一昼夜相当于人间五十年。在欲界六天中，四王天的境域最为宽广。

③**忉利天：**又作三十三天。在佛教宇宙观中，此天位于欲界六天的第二天，是帝释天所居住的天界，位于须弥山顶。山顶四方各有八个天城，加上中央帝释天所止住的善见城（喜见城）共有三十三处，所以称三十三天。在忉利天中，天众身高一由旬，衣重六铢，寿命一千岁（以世间一百年为一日一夜），初生时，就如人类六岁的模样，色圆满，自有衣服。此天又具足种种妙宝，有美妙的楼阁、台观、园林、浴池、阶道等。忉利天为帝释天的住处，这一信仰自古就盛行于印度。经说佛陀的母亲摩耶夫人命终后生于此天，佛陀曾上升忉利天为母说法三个月。

④**四禅天：**又称四静虑天、四静虑处、四生静虑、生静虑。指修习四禅定所得果报的色界天，或指居于此界之众生。四禅天就是色界的初禅天、第二禅天、第三禅天、第四禅天。初禅天，此处已不食人间烟火，所以没有鼻、舌二识，但还有眼、耳、身、意四识生起的喜、乐二受和寻、伺思惟能力。第二禅天，进一步没有眼、

耳、身三识，也没有寻、伺思惟，只有意识及喜受、舍受（非苦、非乐的感受）相应。第三禅天，只有意识活动，与乐受、舍受相应。第四禅天，只有与舍受相应的意识活动。前三禅天各有三天，第四禅天则有八天，合为色界十七天。

⑤**色究竟天：**色究竟梵名音译是阿迦尼吒、阿迦尼师吒等。又作碍究竟天、质阂究竟天、一究竟天、一善天、无结爱天、无小天。色究竟天是色界四禅天的最顶位，为色界十八天之一，也为五净居天之一。此天是修得最上品四禅者所生之处，其果报在有色界中为最高。

译文

“又阿难，那无量寿佛，有无量无数个声闻弟子，他们的数量不可计算。阿难，你可知道，那神通第一的大目犍连，能于一昼夜中，全部知晓三千大千世界的一切星宿、众生的数目。即便如此，假如那百千万亿个声闻弟子都有大目犍连般的神通，并且每个声闻的寿命均长达百千亿岁，这样，穷尽其神通和寿命，去计数那无量寿佛国声闻众生的数目，也只能在一百分之中，数不尽一分。

“再次，阿难，再打个比方给你听，你想那大海，深度有八万四千由旬，浩渺无边，茫茫无际，假如有一个人拔出身上一根毫毛，再划分为一百分，细小得像微尘。然后，以这样的一分微毛，去沾一滴海水，这一点微毛水与浩渺的大海比起来，谁少谁多？阿难，这下你应该明白了吧！在无量寿佛国，对于大目犍连等声闻弟子而言，他们的形寿之数，我们所了解的，只如纤毫沾水一般，我们所不知的，却如那大海一样。同样，无量寿佛及诸菩萨的寿量，以及成佛或成菩萨以来所经的劫数，也同样超出任何能知的范围。”

佛又向阿难描绘道：“在那无量寿佛国，有七种宝树遍地生长，布满佛土。金树、银树、琉璃树、玻璃树、真珠树、砗磲树、玛瑙树，七种宝树枝繁叶茂。或有金银琉璃等七宝，互相搭配，交错和合而成，以至于一树之中，根茎枝干为一种宝物组成，花叶果实又是其他宝物合成。甚至有这样的宝树在佛国生长，它黄金为根，白银为身，枝是琉璃，梢是玻璃、真珠为叶，砗磲为花，果是玛瑙。其他各种宝树，七宝交互搭配合成，宝树也千姿百态，看上去阵阵行行，相立相望，枝枝叶叶，相偎相依，好一派佛国风光。

“再说那无量寿佛国的菩提树，它树高四百万里，树身周围五千由旬长，枝叶向四方延伸二十万里，各种宝物自然和合成珍奇绝妙的宝网，包罗覆盖在菩提树上。

清风徐徐吹来时，菩提树上演布出无数种微妙的法音，法音悠扬，在整个佛土上缭绕。如果众生能看到菩提树，听到菩提妙音，闻到菩提果香，尝到菩提果味，沐浴于菩提树的光与影后，赞念菩提树的功德，这样，众生就能获得五根清净，住于永不退失的修行阶位，直至最终成就无上佛道。”

佛继续对阿难说道：“那无量寿佛的极乐国土中，一派清净庄严，地势平坦宽阔，没有丘陵、谷洞、荆棘、沙石，没有土山石山，也没有什么黑山、雪山、宝山、金山、须弥山、铁围山、大铁围山，唯有黄金遍地。”

阿难听到这里，向佛问道：“如果没有须弥山，那么四天王天、忉利天住于哪儿呢？”佛对阿难说：“那四禅天，色究竟天依什么而住呢？你要知道，众生的业因与果报非一般的思惟语言之所能及，十方诸佛的无量功德与善力，也是超情离见，不可思议的。你要知道，那无量寿佛的极乐净土，本无人与天的分别，只是为了随顺他方世界的情况，才方便示现了天人三界。

原典

“复次阿难，彼佛国土，虽无大海，而有泉池处处交流。其水深广，或十由旬、二十由旬、三十由旬，乃至百千由旬。其水清净，具八功德[①]。又水两岸，复有无数栴檀香树[②]、吉祥果树，华卉恒芳，光明照曜。若彼众生，过浴此水时，要至足者，要至膝者，乃至要至顶者；或要冷者，温者，急流者，慢流者，其水一一随众生意，令受禅定之乐。其宝池中，纯是莲华，有他方众生来生其国者，即于莲华中自然化生，结跏趺坐。

“又于水中，出种种声，佛法僧声、止息声、无性声、波罗蜜声、十力四无所畏声、神通声、无作声、无生无灭声、寂静声、大慈大悲声、喜舍声、灌顶授记声，众生闻如是种种声已，其心清净，与声中所说法相应，无诸分别，成熟善根，永不退于阿耨多罗三藐三菩提心。其有不愿闻声者，即如定中，一无所闻。

“复次阿难，彼国菩萨，或于晨朝欲供诸佛，思香华等，作是念时，华香、璎珞、幢幡、网盖及诸伎乐，随意即至。其所散华，即于空中结成华盖，或十由旬，或数十百千由旬，乃至遍覆三千大千世界。供养诸佛已，即于晨朝还到本国。若思饮食、汤药、衣服、卧具等，亦复如是。此诸菩萨所需之食，实无食者，但见色闻香，以意为食，身心柔软，无所味着。事已化去，时至复现，其香味或有不欲闻者，即无所闻。又复思念摩尼宝[③]等庄严，及宫殿楼观、堂宇房阁，或大或小，或高或下，或处虚空，或在平地，或依宝树而住。随意所现，无不具足。

“其诸菩萨、阿罗汉，各自行道，中有在地讲经诵经者，有在地受经听经者，有在地经行④者、思道者及坐禅者；有在虚空讲经诵经者，有在虚空受经听经者，有在虚空经行者、思道者及坐禅者。中有未得须陀洹⑤道者，则得须陀洹道；未得斯陀含⑥道者，则得斯陀含道；未得阿那含⑦道者，则得阿那含道；未得阿罗汉⑧道者，则得阿罗汉道；未得阿惟越致⑨者，则得阿惟越致。各自行道，莫不自在。

注释

①**八功德**：指泉池水具有八种功德：（一）是澄净，（二）是清冷，（三）是甘美，（四）是轻软，（五）是润泽，（六）是安和，（七）是饮时除饥渴等无量过患，（八）是饮后定能长养诸根四大，增益种种殊胜善根。（参见《称赞净土经》）

②**栴檀香树**：《本草纲目》称此为白檀、檀香。属檀香科。该树为常绿乔木，干高数丈，木质芳香，可供雕刻；把根研为粉末，可做檀香，或者制作香油。叶长约五厘米，呈枪锋状对生。果实呈球形，有蚕豆一般大，熟时呈黑色，果核坚硬。

③**摩尼宝：**是珠玉的总称。摩尼意译为珠、宝珠。一般传说摩尼有消除灾难、疾病，以及澄清浊水、改变水色的功效，所以也称之为如意珠、如意宝、如意摩尼、摩尼宝、无价宝珠等。千手观音的四十手中，右手即持日精摩尼，左手则持月精摩尼。日精摩尼可自然发出光热照明，月精摩尼可给人清凉，除人恼热。

④**经行：**指在一定的场所中往复回旋地行走。通常在吃饭后、疲倦时，或者坐禅昏沉瞌睡的时候，即起而经行，作一种调剂身心的安静散步。

⑤**须陀洹：**是声闻乘四果中最初的圣果。又称初果，即断尽“见惑”的圣者所得的果位。全称须陀般那，旧译作入流、至流、逆流，新译作预流。入流，就是初入圣者之流，逆流指断三界之见惑后，方违逆生死之流，预流就是初证圣果者，预入圣道的法流的意思。

⑥**斯陀含：**意译为一来、往来，是沙门四果的第二果。斯陀含又分为斯陀含向与斯陀含果，就是进入预流果（初果）的圣者进一步断除欲界一品至五品的修惑，称为斯陀含向，或一来果向；要进一步断除欲界第六品的修惑，还须由天上至人间一度受生，方可般涅槃，至此以后，不再受生，称为斯陀含果，或一来果。

⑦**阿那含：**略称阿含，意译为不还、不来、不来相。是声闻四果中的第三圣果。进入阿那含果的圣者已断尽

欲界九品之惑，不再还来欲界受生。此阶位的圣者中，如果九品之惑全部断尽，则称阿那含果；如果断除七品或八品，则称阿那含向；如果断除七、八品，而所余的一、二品还须对治成无漏之根，须进一步受生至欲界，称为一向。另外，在阿那含果中，又有五种不还、七种不还、九种不还的差别。

⑧**阿罗汉**：是声闻四果之一，也是如来十号之一。意译为应、应供、应真、杀贼、不生、无生、无觉、真人。是指断尽三界见、思之惑，证得全智，而能受世间供养的圣者。该果位通于大、小二乘，但一般都作狭义的解释，专指小乘佛教中所得的最高果位而言。就广义而言，则泛指大、小乘佛教中的最高果位。

⑨**阿惟越致**：又作阿鞞跋致、阿毗跋致。译为不退、不退转、无退、必定。退，乃谓退步、退堕之意，指退堕恶趣及二乘地（声闻、缘觉之位），即由所证得之菩萨地及所悟之法退失。反之，不再退转，至必能成佛之位，则为不退。《大般若经》卷四四九载，入见道而得无生法忍，则不再堕退二乘地而得不退。复次，菩萨阶位中，十住中之第七住，称为不退转住，由此产生诸种不退之说。

译文

佛又对阿难描绘道："那无量佛的极乐净土上，没有大海，却处处布满泉池，泉水潺潺，源远流长，水深从十由旬、二十由旬、三十由旬甚至成百上千由旬不等。池水澄清纯洁，具有八种功德。无数棵郁郁葱葱的栴檀香树以及各种吉祥果树夹生在泉水两岸，在那里，花果飘香，沿水流芳，光明灿烂。如果那里的众生要趟水过泉，或沐浴泉水，这里的泉水能随着众生的不同心愿而变化着水位、水温和流速，或者齐足，或者至腰，乃至要深达头顶；或者水暖，或者水冷，或者急流或者慢淌，众生享受智慧之水的无限乐趣。在宝物砌成的泉池中，全是一片莲花亭亭生长，如果他方世界的众生往生到这极乐世界，就是在莲花中结跏趺坐，自然化生。

"另外，莲花池中，微波荡漾，会演布出种种妙法音声，如佛法僧声、止息声、无性声、波罗蜜声、十力四无所畏声、神通声、无作声、无生无灭声、寂静声、大慈大悲声、喜舍声、灌顶授记声等，众生听到这种种声音，便心无妄念，清净光明，顿然契合种种音声中的妙法，没有什么执着分别，继而善根成熟，智慧圆满，成就无上正等正觉之心也就永不退失。即便有不愿听这些音声的人，也随其心愿，能够像住入寂定一般，什么也听不到。

“又阿难，无量寿佛的极乐世界里的诸菩萨，假如在早晨起来要供养诸佛，想起香花等供养之物时，种种花香、璎珞、幢幡、网盖以及各种伎乐，会应念而来。不仅如此，那些香花还会在广阔的天空结成大盖，直径有的十由旬，有的成百上千由旬，继而广覆三千大千世界。供养诸佛以后，这些菩萨还于早晨回到极乐国土。如果心念需要饮食、汤药、衣服、卧具等东西的时候，也会应念而至。其实，极乐世界的诸菩萨，他们所需之食并非实物，他们以心意行食，身心清净柔软，见到色闻到香，但又不执着于任何美味。那些饮食，在诸菩萨需要时就示现，食用完毕就化离而去。假使有的不愿闻饮食之香之味，也可以应其心愿，什么也闻不到。如果心念需要摩尼宝珠等宝物来庄严修饰，或者需要宫殿楼阁、亭台房宇，这些都能应心念需要而自然出现，大小不一，高下不等，或者处在虚空，或者立于平地，或者坐落在宝树旁，应有尽有，完满具足。

“极乐佛国的诸菩萨和阿罗汉，也于极乐世界各修其道，各行法事。有的在地上讲经诵经，有的在地上听受佛经，有的在地上安静地散步，或沉思修道，或坐禅修行；有的则在虚空中讲经诵经，有的在虚空中听受佛经，有的在虚空中往复散步，或者沉思修道，或者坐禅修习。他们当中如果有人尚未证得须陀洹道果，经过不同形式的修习，则能获得须陀洹道果；同样，还没有得斯陀含道果的，能证得斯陀含果；没有证得阿那含果的，则能获得阿那含果，尚未得阿罗汉果的，也能证得阿罗汉果，尚未达到阿惟越致的，就能达到阿惟越致境界。总之，他们能在极乐世界，自由自在地修行其道，各自获得各种道果。

原典

“复次阿难，彼佛国土，每于晨食时，香风自起，吹动宝树宝网，自触出微妙音，演说苦、空、无常、无我、诸波罗蜜。其有闻者，尘劳垢习，自然不起，风触其身，如比丘得灭尽定[①]。复吹树华，落放地上，遍满佛土，随色次第，而不杂乱，软妙如兜罗绵，足履其上，蹈下四寸，随足举已，复还如故。过一时后，其华自然没入于地，随其时节，复雨新华。一日之中，如是六反。

“复次阿难，彼佛国土，复有众鸟，住虚空界，出种种音，犹如佛声说法，普闻世界，皆是佛力化作，非实畜生。

“复次阿难，彼佛国土，无有日月星曜昼夜之象，亦无劫数之名，亦无山川高下、林苑家室。于一切处，既无标示，亦无名号，亦无取舍分别。惟有众宝莲华，周满世界，一一宝华，百千亿叶。其华光明，无量种色，青色青光，白色白光，黄色黄光，紫色紫光。一一华中，出三十六百千亿光；一一光中，出三十六百千亿佛；一一诸佛，又放百千光明，普为十方说微妙法，各各安立众生于佛泥洹之道。

“复次阿难，不独我今称赞阿弥陀佛光明功德。东方过恒河沙数世界，诸佛如来亦各出广长舌相，放无量光，说诚实言，称赞无量寿佛不可思议功德。西方、南方、北方恒河沙数世界诸佛，亦复如是；四维上下恒河沙数世界诸佛，亦复如是。何以故？欲令众生闻彼佛名，发清净心，忆念受持，归依供养，求生彼界，得不退转故。

“复次阿难，十方世界诸天人民，其有至心愿生彼国，凡有三辈。其上辈者，舍身出家而做沙门，发无上菩提之心，一向专念无量寿佛，修诸功德，愿生彼国。此等众生，临寿终时，无量寿佛与诸大众，现其人前。即随彼佛，往生其国，便于七宝华中，自然化生，住不退转，应时即得智慧神通自在。

“其中辈者，十方世界诸天人民，其有至心愿生彼国。虽不能行做沙门，大修功德，当发无上菩提之心，一向专念无量寿佛，多少修善，奉持斋戒，供养三宝，以此回向[②]，愿生彼国。其人临终，无量寿佛化现其身，光明相好，具如真佛，与诸大众，现其人前。即随化佛往生其国，住不退转，功德智慧，次于上辈者也。

“其下辈者，十方世界诸天人民，其有至心欲生彼国，假使不能作诸功德，当发无上菩提之心，一向专意，乃至十念念无量寿佛，愿生其国。若闻法欢喜信乐，不生疑惑，乃至一念[③]念于彼佛，以至诚心，愿生其国。此人临终，梦见彼佛，亦得往生，功德智慧，次于中辈者也。”

注释

①灭尽定：又作灭受想定、灭尽三昧。即灭尽心、心所（心的作用）而住于无心位的寂定。与无想定并称二无心定，然而无想定是异生凡夫所得，而灭尽定则是佛以及全部获得解脱的阿罗汉远离定障所得，也就是以现法涅槃的胜解力而修得的入定。

②回向：又作转向、施向。意思是指以自己所修的善根功德，回转给众生，并使自己趋入菩提涅槃。或者以自己所修的善根，为亡者追悼，以期亡者安稳。净土宗认为，回向有两种：一是往相回向，即回施自己过去及今生的功德给众生，而愿共生净土。二是还相回向，

即已经往生净土后，生大悲心，再回入此土教化众生，以希望共向佛道。道绰在《安乐集》卷下中，解释回向有以下六种：（一）以所修诸业回向阿弥陀佛，往生净土，待得六通后，再返世间救度众生。（二）回因向果。（三）回下向上。（四）回迟向速。（五）回施众生悲念向善。（六）回入去却分别之心。

③**一念**：指一次心念。念是思念的意思，一般有心念、观念、称念，因而以一念配合一声佛号，称名一句就是一念。义寂的《无量寿经疏》中说："此言念者，谓称南无阿弥陀佛。经此六字，顿名一念。"

译文

"又阿难，在那无量寿佛的极乐世界，每天于晨起饮食的时分，香风微微吹动，摇曳各种宝树宝网，触发起各种微妙法音，演布宣说苦、空、无常、无我、诸波罗蜜等佛法真谛。风送妙香妙音，闻到的人顿然涤除烦恼、洗尽尘垢恶习。香风吹身，顿觉神智清朗，如比丘证得灭受想定的境界一般。又那香风徐动时，吹得千树万树，落英缤纷，洒落在一片佛土上，那些落花随颜色的不同，而飘落有序，层层不同。宝花遍地，如图如锦，又柔软洁净，恰似草木花絮。踏足而行，脚步深陷在花瓣中，人走过后，踏过的地方又平整如初。一段时辰过后，落花自然消失于地上。再过一段时辰，空中再飘落新花。一日之中，晨朝、日中、日没、初夜、中夜、后夜，昼夜六时，花降花化，循环往复，永远不断。

“又阿难，那极乐世界，还有许多鸟儿，他们飞翔在虚空中，宛转鸣啁，仿佛是佛在演说佛法的声音，众鸟的鸣唱在广阔的佛土上相闻，他们其实并非真正的畜生，而是佛凭佛力化示而来的。

“又阿难，那极乐世界，没有日月星辰之分，也没有白天黑夜之别；没有劫数的名称，也没有高山流水、园林家室；在任何地方，没有标记，没有名号，更没有让人分辨取舍的东西。只有无数宝莲花遍满佛土，朵朵莲花，有百千亿莲叶相伴。莲花光彩夺目，色泽无限，青色的莲花放出青光，白色的放出白光，黄色的放出黄光，紫色的放出紫光。每一朵莲花中，放出无限光明，每一光明，又现出无数佛，每一尊佛，又放出千百种光明，为十方世界广弘佛法，教化众生，使他们走上无上佛道。

“又阿难，今天不光是我一个人在这里称赞阿弥陀佛的无限光明功德，在遥远的东方世界里，有无数诸佛，他们也现出广长舌相，放出无量的光明，发出诚实的宣说，共同称赞无量寿佛的不可思议的无量功德。在遥远的西方、南方、北方无数世界，也是如此，四维上下的无数佛土的无数诸佛还是这样。为什么要这样呢？目的在于让一切众生听到无量寿佛的名号，能生净信之心，忆佛功德，念佛名号，信受坚持，身心归向，依止不舍，供养诸佛，以求往生那极乐佛土，证得永不退失的修行果位。

“又阿难，十方世界的一切众生，凡是有至诚的心愿要往生无量寿佛国极乐净土的，可分为三辈。三辈之中的上辈是那些削发为僧、投身沙门的人，他们发成就无上菩提的心愿，一心专志于称颂忆念无量寿佛，修德积善，以求往生极乐净土。他们在临终之际，无量寿佛等极乐世界的众人，会出现在其面前，前来接引他们往生极乐净土，往生净土时，会在七宝莲花中自然而然地化生，住于永不退失的修行果位，并且会马上获得智慧神通，达到自在无碍的境界。

“三辈之中的中辈，是十方世界一心发愿往生净土的一切众生，虽然没有投身沙门，却能勤修功德的人。这些人也能发成就最高觉智的心愿，并能专心持名念佛，尽力修善，奉守戒法，供养佛法僧三宝，以所修善德，回向给众生，以期共往生极乐净土。这些人在临终之际，无量寿佛以化身相好光明现前，一切庄严如真佛具足无异。像接引上辈之人一样，佛及众化佛会来到此人跟前，此人也就跟随化佛往生极乐世界，住于永不退转的果位，其功德智慧，仅次于上辈。

“三辈之中的下辈是十方世界的一切众生，他们有至诚之心，愿往生净土的，但又不能完全修德积善，只要能发成就无上觉智的心愿，专心持名念佛，或者具足十念称颂无量寿佛，以求往生净土，或者只要听到佛法后，能欢喜信从，没有疑惑，诚心正念，甚至以一念配合一声佛号，称名一句，愿往生净土，那么这样的人就能在临终之际，梦见无量寿佛前来接引往生极乐世界，不过这些人的功德智慧，要比中辈之人差些。”

原典

佛告阿难：“彼国菩萨，皆当究竟一生补处，除其宿愿为众生故，以大宏誓，入生死界，度脱有情，随意而作佛事。阿难，彼佛国中，诸声闻众，身光①一寻②，菩萨光明，照百由旬，或千由旬。又有二菩萨，最尊第一，光明普照三千大千世界。”阿难白佛：“彼二菩萨其号云何？”佛言：“一名观世音③，一名大势至④。此二菩萨现居此界，作大饶益，摄念佛人生彼佛国。阿难，其有众生，得生彼国，其钝根者，见佛闻法，成就二忍⑤，其利根者，得不可计无生法忍⑥。又彼菩萨，乃至成佛，不受恶趣，神通自在，除以宿愿，生他方五浊恶世，示现同彼[⑦]，常识宿命。阿难，汝起面西顶礼[⑧]。”

尔时，阿难即从座起，合掌面西顶礼，五体投地，白佛言：“我今愿见极乐世界无量寿佛，供养礼拜，种诸善根。”即时无量寿佛，于其掌中放无量光，普照一切诸佛世界。于此世界，所有黑山、雪山、金山、宝山、目真邻陁山、须弥山、铁围山，大海江河、丛林树木及天人宫殿，一切境界，无不照见。譬如日出，明照世间，亦复如是。声闻、菩萨，一切光明，皆悉隐蔽。

尔时会中，天龙八部，人非人等，皆见极乐世界种种庄严，及见无量寿如来，声闻菩萨围绕恭敬，譬如须弥山王，出于大海。尔时，极乐世界，过于西方百千俱胝[⑨]那由他国，以佛威力，如对目前，彼见此土，亦复如是。

尔时，世尊告弥勒菩萨言：“汝见极乐世界，从地以上，至色究竟天，诸庄严否？汝闻无量寿佛，大音演说妙法，宣布一切佛刹，化众生否？汝见彼国众生，游处虚空、宫殿随意否？或遍至十方，供养诸佛否？”弥勒菩萨白佛言：“世尊，如佛所说，一一皆见。”

注释

①**身光：**佛门圣众有顶光与身光，从身上所发出的

光称为身光。

②**寻**：古代长度单位，八尺为一寻。

③**观世音**：以慈悲救济众生为本愿的菩萨，西方极乐世界阿弥陀佛的左胁侍，“西方三圣”之一。凡是遇难众生诵念其名号，菩萨就马上观其音声前往拯救解脱，所以称观世音菩萨。中国唐代因避讳唐太宗李世民的名，所以去掉“世”字，略称“观音”。观世音是中国佛教的四大菩萨之一。相传其显灵说法的道场在浙江普陀山。据称观世音的生日是农历二月十九，成道日是农历六月十九，出家日是农历九月十九。随着历史的发展，产生了各种不同的有关观音名称和形象的说法，有六观音、七观音、甚至三十三观音，但一般所说的观音是指作为总体的圣观音。据称观音可以应机以种种化身救众苦难。观音在中国寺院中的塑像常作女相，女相观音造像始于南北朝，盛于唐代以后。

④**大势至**：佛教菩萨名，也称“得大势”“大精进”，与观世音菩萨同为西方极乐世界阿弥陀佛的胁侍，世称西方三圣，大势至是阿弥陀佛的右胁侍。此菩萨因其智慧光普照一切，令众生离三途，得无上力；又在行动时，十方世界一切地皆震动，所以被称为“大势至”。《首楞严经》卷五《念佛圆通章》称，大势至菩萨于因地时，以念佛心入无上忍，所以今摄此娑婆世界的念佛众生，

归入净土。另外，《悲华经》卷三载，当阿弥陀佛入灭后，由观世音菩萨补其位；观世音入灭后，则由大势至补处成佛。关于大势至菩萨的形象，《观无量寿经》说其天冠中有五百宝华，一一宝华又有五百宝台，每一宝台皆现十方诸佛之净妙国土相；顶上的肉髻如钵头摩华，肉髻中安置一宝瓶，其余身相与观世音菩萨大同小异。

⑤**二忍**：忍是忍辱、忍耐、堪忍、忍许、忍可、安忍等意思，即受他人的侮辱恼害等而不生嗔心，或自身遇害而不动心，证悟真理，心安住于理上。忍有多种分类，二忍是其中之一。二忍，一是指生忍与法忍。虽然受众生迫害或优遇，仍然不执着于违顺之境而忍，或者观众生没有初、中、后的差别，而在众生之上体认空理，不堕于断、常二边，二陷于邪见，这就是生忍（又作众生忍）；体认一切事物的实相为空，心安住于此真理之上而不动，这就法忍（又称无生法忍）。二是指世间忍与出世间忍。初心菩萨以有漏心，依诸果报福业，对所遇世间苦乐违顺的事加以忍耐，这就是世间忍，也就是有相、有漏的安忍；大菩萨安住法性之理，自在表现各种作用，而无丝毫执着，称为出世间忍，即无相、无漏的安忍。三是指安受苦忍与观察法忍。前者是指能安心忍受疾病、水火、刀杖等苦，而不为所动；后者是指能观察诸法体性虚幻，本无生灭，信解真实而心无妄动，安然忍可。

⑥无生法忍：是指体认一切事物的实相为空，心安住于真理之上而不动。

⑦彼：此处“彼”是指秽土众生。

⑧顶礼：即两膝、两肘及头着地，以头顶敬礼，承接所拜的人的双足。向佛像行礼时，舒开两掌过额头，承空，以表示接佛足。顶礼的意思跟五体投地、接足礼相同，是印度最上的敬礼。

⑨俱胝：是印度数量名称，意译为亿。《玄应音义》卷五载：俱致，或称俱胝，即中土所称的“千万”或“亿”。

译文

佛又告诉阿难：“那无量寿佛所在的极乐世界里的诸菩萨，都能在一生里候补佛的位置，但那些为拯救众生，发殊胜大愿，从极乐世界进入生死界，教化度脱有情众生的菩萨们除外。阿难，在那极乐世界，诸多的声闻弟子，其身光有八尺长，诸菩萨的身光能照彻成百上千由旬。众菩萨中，有上首二尊，他俩于一切众中，最为第一，其光明能普照三千大千世界。”阿难问道：“那两位菩萨是谁？”佛说：“他俩一名叫观世音，一名叫大势至，这两位菩萨现就居住在我们这个娑婆世界，行菩萨大道，利乐有情，摄护那些念佛众生脱离苦途，往生极乐世界。阿难，你要知道，那些能往生极乐世界的众生，慧根有钝有利。钝根器的人，受佛法教化，才能成就生忍与法忍的境界；那利根器的人，能证得体认一切事物之实相为空，心安住于真理而不动的无生法忍的无限智慧境界。再者，那极乐世界的诸菩萨，在其行道过程中，乃至成佛时，永离恶趣，神通无限自在无碍。除非他们愿入生死界，在五浊恶世中示现为秽土众生，但不影响他们生生世世，常忆宿命，不昧本因。”佛接着叫阿难起身，面向西方顶礼示敬。

阿难马上从座位上起来，合掌而立，面向西方，五体投地，顶礼膜拜，并对佛说道：“我今天想见到那极乐世界以及无量寿佛，以便我更好地供养礼拜无量寿佛，更好地广种善根。”说完，阿难便马上看到无量寿佛从其掌心放出无限光明，普照一切佛土。无量寿佛光明四射，娑婆世界的所有黑山、金山、宝山、目真邻陁山、须弥山、铁围山，以及所有的大海江河、树木丛林、天人房舍宫殿等一切景物，无不沐浴在光明之中。无量寿佛的光明，恰如一轮红日朗照世间，使所有声闻众和诸菩萨的光明顿时逊色。

那时，天龙八部等其他听法众生，也都亲眼目睹了极乐世界的种种庄严景观，也看到了诸多声闻菩萨围绕在无量寿佛身旁，恭听佛法的情景，那情景就像住在高高的须弥山上的天王从大海深处出来一样。此时的极乐世界，虽在遥远的西方世界的亿万里之外，但佛陀以其威神之力，就像近在眼前一样，佛从极乐世界察见我们这个世界，也同样如近在眼前。

接着，佛又对弥勒菩萨说："弥勒，你可曾看到那极乐世界，从地往上，直至色究竟天的一派美妙庄严？你可曾听到那无量寿佛在弘传宣说佛法，其大法妙音在广袤的佛土上流布弘扬，化导众生？你可曾见到极乐国土的众生，身如浮云般轻盈地穿行游走在虚空宫殿的情景？可曾看到他们能游遍十方世界供养诸佛的情景？"弥勒菩萨点头称是，连声说道："世尊你所问的那些，我全部耳闻目睹到了。"

原典

"世尊，云何彼土众生，亦有宫殿处地，不能游行虚空，神通自在者耶？"佛言："此乃彼国化城①边地②众生，由彼在世时，不了诸佛不思议智③、大乘广智④、最上胜智⑤，但信罪福⑥，修习善本，愿生其国。此人命终时，生彼国边界七宝城中，其城纵广各二千里，城中亦有舍宅、宝树、宝池供养，如第二忉利天。其人于其城中，凡五百岁，不能游行虚空，不能见佛闻法。譬如转轮圣王[7]，有七宝牢狱，若诸小王子得罪，幽此宫中，衣食供帐伎乐，如转轮王，而以金锁系其两足，此诸王子宁乐处彼否?"

弥勒言："不也，但以种种方便求出。"

佛告弥勒："此诸众生，亦复如是。又如此土众生，处母胎中，尚未出胎，一切无所见闻，此等众生，亦复如是。虽处华胎，而不能见佛闻法，与此土处胎无异。由其宿命，所种善根，不能离相，不求佛慧，妄生分别。视生佛国，如求人天福报，是故因果相感，生此化城，虽有余乐，而以不见佛为苦。待彼众生，久知悔责，求离彼处，乃能往诣无量寿佛所，供养闻法，既闻法开悟已，乃得遍至诸佛世界所，修其功德。此等众生，暂离三界[8]轮回，信慧[9]未全，尚复如是；况乃世智聪辩，取相分别，情执深重，但求人天福田，增益邪心，永在三界狱中，云何得免轮回、出离生死?

"弥勒当知，众生在此五浊[10]恶世，精进一日一夜，胜在天上为善百岁。所以者何? 天上多乐少苦故。在此忍界，精进十日十夜，胜在他方佛国边地，为善千岁。所以者何? 佛界边地，多乐少苦故。"

弥勒菩萨白佛言："世尊，今此娑婆世界及诸佛刹，有几多菩萨，得生极乐世界?"佛言："弥勒，我此娑婆世界，有七十二那由他菩萨，已曾供养无量寿佛，植众德本，当生彼国。其诸小行菩萨[11]，修习小功德，当来得往生者，不可胜计。”

注释

①**化城**：指变化的城邑。《法华经》卷三《化城喻品》载，有众人将过五百由旬险难恶道以达宝处，疲极欲返，其导师为振奋众人，以方便力，于道中三百由旬处化作一城，使他们得到苏息，终能向宝处前进。

②**边地**：此处指极乐净土的边缘地带。

③**不思议智**：谓佛能以少作多、以近作远、以轻为重、以长为短，反之亦可，故称不思议智。

④**大乘广智**：谓佛无所不知，无烦恼不断，无善不备，无众生不度。

⑤**最上胜智**：谓佛智如实而不虚妄，得如实三昧，常在深定，遍照万法无与伦比，如法而照，其照无量。

⑥**罪福**：罪与福的并称。五戒、十善等善业能招致乐报，称为福、福德。反之，五逆、十恶等恶业能招苦报，则称罪、罪恶。

⑦**转轮圣王**：意思是旋转轮宝（相当于战车）的圣王。转轮圣王是印度神话中的人物，此王即位，自天感

得轮宝，拥有轮、象、马、珠、女、居士、主兵臣等七宝，具足长寿、无疾病、容貌出色、宝藏丰富等四德，统一四方，以正法御世，其国土丰饶，人民和乐。

转轮圣王出现之说盛行于释尊时代，诸经论常常将佛陀与轮王比拟，以轮王的七宝及其治化与佛的七觉支并举。或者将佛陀说法称作转法轮。《法苑珠林》卷四十三，举轮王有军轮王、财轮王、法轮王，阿育王为军轮王，金轮、银轮、铜轮、铁轮四王为财轮王，如来为法轮王。别外，因轮王能飞行于空中，所以也称之为“飞行皇帝”。

⑧三界：佛教把世俗世界划分为欲界、色界、无色界，认为迷妄的有情众生都在生灭变化中流转，依其境界所分而存在于欲界、色界、无色界。欲界，为具有食欲、淫欲等欲望的众生所居住的世界。包括：五道中的地狱、畜生、饿鬼、六欲天和人，以及他们所依存的场所（器世间），如人所居的四洲等。色界，位于欲界之上，为那些已经离开食、淫等欲望的众生所居住。色界没有欲染，亦无女形，其众生皆由化生。色界宫殿高大，系由色之化生（色是变碍或示现的意思），一切都殊妙精好。因其还存在色质，所以称色界。无色界，是只有受、想、行、识四心而无物质的有情所住的世界。此界无一物质之物，也没有身体、宫殿、国土，只有以心识住于

深妙的禅定，所以称无色界。佛教以“三界”为“迷界”，认为从中解脱达到涅槃才是最高理想。

⑨信慧：指三十七道品中“五根”的信根与慧根。信可以破邪见，慧可以断无明。

⑩五浊：又作五滓。指减劫（人类寿命次第短的时代）中所起的五种滓浊。五浊是指：（一）劫浊，减劫中，人寿减至三十岁时饥馑灾起，减到二十岁时疾疫灾起，减至十岁时刀兵灾起，世界众生无不被害。（二）见浊，指正法已灭，像法渐起，邪法转生，邪见增盛，使人不修善道。（三）烦恼浊，指众生滋生各种爱欲，摄受邪法而恼乱心神。（四）众生浊，又作情浊，指众生作恶多端，不孝敬父母尊长，不畏恶业果报，不作功德，不修慧施、斋法，不持禁戒等。（五）命浊，又作寿浊。往古时代，人寿八万岁，现今恶业增加，所以寿命短促，百岁者很少。五浊之中，以劫浊为总，以其余四浊为别。

⑪小行菩萨：十信菩萨为小行，小行菩萨是相对于修成不退转位的大行菩萨而言的。十信是指菩萨五十二阶位中，最初十位应修的十种心。这十种心在信位，能助成信行，全称十信心。这十信心是：信心、念心、精进心、定心、慧心、戒心、回向心、护法心、舍心、愿心。

译文

弥勒菩萨向佛问道：“世尊，在那极乐世界，为什么有些只能在地面上的宫殿房舍活动，而不能随意游行于虚空，获得神通，自在无碍？”佛回答道：“那些人是处在极乐世界的化设城邑地带的众生，这些人由于在世时尚未完全了悟最高佛智，只是相信罪福报应，修行善根，愿往生极乐净土。这些人在临终之际，只能往生到极乐世界边界地区的七宝化城中，城邑方圆各二千里，城中也像在位于欲界六天之第二天即忉利天一样，有房舍住宅、宝树宝池，具足种种供养。城邑中的众生，五百年内不能游走行进于虚空，不能亲自见佛听教。

“这就像在转轮圣王的国土上一般，如果诸位小王子获罪，该国有七宝牢狱，就把他们幽闭起来，衣食供养等物质待遇及娱乐条件仍然提供，跟转轮圣王一样，但就是得用金锁锁住双脚，不让这些王子乱动，你说他们乐意待在那儿吗？”

弥勒菩萨回答说：“当然不乐意，他们肯定会想尽方法出来。”

佛接着对弥勒说：“处在化城里的诸位众生也是同样的心情啊！这又恰似现世的芸芸众生在母腹中尚未出世

之前，什么也看不到，什么也听不到的情形。那些化城中的众生，虽处在华胎，但因为不能见佛听法，所以他们的情形与现世众生在母胎中的情形一样。这都是由于前世所造作之业决定的，在过去世中，他们所修的善根，没有能完全绝妄离相，还是有所分别、有所执着，没有能证得最上佛智。他们以为往生极乐佛国，只是修行简单的福乐果报，这样，因果相感，就往生到化城里，在那儿虽然因福德而招感人天乐果，但却苦于不能见佛闻法，不能因修习智慧而招感最高觉悟。这些众生在化城中只有作长久的忏悔自责，以求离开化城，才能最终诣无量寿佛土，供养佛并听从佛的教化而开悟，开悟后，才能游行于他方诸佛世界，继续修行。”

佛说：“这样的众生，虽然暂时脱离了三界迷苦，但破邪见断无明的信根慧根尚未完全增长，只能局限于世俗的聪明机智善辩，对事相、情识有所分别、有所执着，只迷恋人天福报的人，也许还会增加邪心罪业，这又怎么能出离苦界，超脱生死轮回呢？

“弥勒，你应当知道，现世众生身处在五浊恶世上，勇猛策进，勤修善法一天一夜，就胜过在天上修行百年。为什么这样说呢？因为天上乐多苦少。在这个需要安忍的五浊恶世上，策进勤修十天十夜，就胜过在他方佛国的化城边地修行千年，为什么呢？同样是因为他方佛国的化城边地相对来说苦少乐多。”

弥勒菩萨向佛问道：“世尊，你说此土和他方佛土有多少菩萨能够往生极乐净土？”佛回答道：“弥勒，我此娑婆世界有七百二十亿菩萨，已经曾供养无量寿佛，广种善德，所以应当往生极乐净土。那些修习小功德、修行十信的小行菩萨，能够往生的数目则不可计算。”

原典

“复次阿难，难忍佛刹，有十八亿菩萨，生彼国土；宝藏佛刹，有九十亿菩萨，生彼国土；火光佛刹，有二十二亿菩萨，生彼国土；无量光佛刹，有二十五亿菩萨，生彼国土；世灯佛刹，有六十亿菩萨，生彼国土；龙树佛刹，有千四百亿菩萨，生彼国土；无垢光佛刹，有二十五亿菩萨，生彼国土；师子佛刹，有千百八亿菩萨，生彼国土；吉祥峰佛刹，有二千百亿菩萨，生彼国土；仁王佛刹，有千亿菩萨，生彼国土；华幢佛刹，有一亿菩萨，生彼国土；光明王佛刹，有十二亿菩萨，生彼国土；得无畏佛刹，有六十九亿菩萨，生彼国土。此外，十方世界无量佛国，其往生者，亦复如是。昼夜一劫，说不能尽。

“若有善男子、善女人，得闻无量寿佛名号，深心信乐，至诚归依，无所疑惑，当知此人夙世已曾于诸佛所，种诸善根，非是小乘。若于此经典，书写供养，受持读诵，为他演说，乃至于一昼夜，思惟彼刹及佛身功德，此人命终，假使三千大千世界满中大火，亦能超过，生彼国土。是人已曾值过去佛，受菩萨记，一切如来同所称赞，无上菩提，随意成就。”

佛语弥勒：“我悲此土众生，尽其形寿，为心走使。无田宅，忧田宅；无财宝，忧财宝；无眷属，忧眷属。适然得之，又忧非常，水火盗贼，怨家债主，焚漂劫夺，日夜怔营，无有休息。身亡命终，弃捐之去，莫谁随者。又或于所怨仇，更相报复；于所恩爱，互相贪恋，世世转剧。或父哭子，或子哭父，兄弟夫妇，更相哭泣。惟己之神识独生独死，独往独来，苦乐自当，无有代者。或有勉修福田，情执深重，但求人天有漏果报。只增生死，不出轮回，永劫以来，流转五道②，忧畏勤苦，不可胜言，变化殃咎。异处善恶，自然追逐，去无所至，窈窈冥冥。别离久长，道路不同，会见无期，甚难甚难。此皆不了佛智，不信佛语，不拔生死轮回根本，迷没愚痴苦海，无有出期。

注释

①**大火**：指劫火。成劫之后为住劫，住劫之后有坏

劫；坏劫之末有火风水三灾。此火灾就称劫火。《仁王经》言：“劫火洞然，大千俱坏。”

②**五道**：与“五趣”同义。指有情众生所趣之处有五种分别，即地狱、饿鬼、畜生、人、天。

译文

佛又对阿难说：“不仅我此土有诸多菩萨能往生极乐净土，他方佛土也是这样。例如，在难忍佛土，有十八亿菩萨能往生极乐净土；在宝藏佛国，有九十亿菩萨能往生极乐净土；在火光佛国，有二十二亿菩萨能往生极乐净土；在无量光佛土，有二十五亿菩萨能往生极乐净土；在世灯佛国，有六十亿菩萨能往生极乐净土；在龙树佛国，有一千四百亿菩萨能往生极乐净土；在无垢光佛国，有二十五亿菩萨能往生极乐净土；在师子佛国，有一千一百零八亿菩萨能往生极乐净土；在吉祥峰佛土，有二千一百亿菩萨能往生极乐净土；在仁王佛土，有一千亿菩萨能往生极乐净土；在华幢佛土，有一亿菩萨能往生极乐净土；在光明王佛土，有十二亿菩萨能往生极乐净土；在得无畏佛土，有六十九亿菩萨能往生极乐净土，如此等等，十方世界的无数佛国中，能够像这样往生的，即便经过昼夜一劫，也说不完。

“如果有善男子、善女人，能听闻无量寿佛的名号，一念至信，欢喜踊跃，诚心归依，毫无疑惑，那么就可以推断此人前世曾已在诸佛所，种下了诸善根，这些一心念佛的人，就不是自了小乘。此外，如果有善男子善女人能够书写、供养这部经典，信受奉持、读诵经文，并且向他人演布宣说经文内容，甚至能通宵达旦乐此不疲，不断思量极乐世界及无量寿佛身的圆满功德。那么，此人临终的时候，即使三千大千世界全都劫火洞然，他也能够超脱火宅，从容往生极乐国土。这样的人，都已于过去佛前，已受菩萨记，都应当作佛，并且为一切如来所共同称赞，能够随意成就、证悟最高觉智。”

佛又对弥勒说：“我悲悯此土的芸芸众生，他们一生奔波劳碌，为欲心所役，耗尽其形体和寿命。他们没有田宅则心忧田宅，没有金银财宝则心忧金银财宝，没有亲眷家属，就渴求亲眷家属。一旦拥有了，又害怕天灾人祸，水火盗贼，害怕怨家债主，烧杀掠夺。他们日夜惊恐万状，疑惑发愣，身心没法平静放松。等死到临头，却一切付之东流撒手抛去，什么也带不走。又有人对于怨家仇人，思想着加倍报复；对于恩情爱欲，贪恋不舍，这样愈演愈烈，世世加剧。于是，有的父哭子，有的子哭父，有的兄弟夫妇互相悲伤哭泣。人在种种情爱与贪欲中辗转浮沉，只有自己的神识独生独死，独往独来，自己的苦乐果报，也是自作自受，没有谁能替代。还有一些人，局限于勉力修得世间福田，执着于世相情识，只求获得人天有漏福乐果报，不求证得最高佛智。这样，只增加了生死相续，不能超脱六道轮回，以至于生生世世，往来流转于五道，其间酸甜苦辣、祸殃不安、变幻不定。所生之处，善恶果报相随，相从不舍，幽冥难测。临终分手，竟成永别，他们因果不同，生处悬殊，三途一报历五千劫，辗转六趣，要想重逢，难上加难。造成这样的境况，都是由于这些人没有了悟最高佛智，没有听信佛的话语，从而没有能从根本上超越生死轮回，于是迷茫沉没于愚痴苦海中，长期不得解脱。

原典

“当知众生处此五浊恶世，长受五痛五烧，于诸世界中，最可怜愍。何谓五浊？劫浊、命浊、见浊、众生浊、烦恼浊，是为五浊。何谓五痛、五烧？生时痛、老时痛、病时痛、死时痛、患难穷苦痛；淫欲火烧、嗔忿火烧、贪盗火烧、邪伪火烧、愚痴火烧，是为五痛五烧。我今于此五浊恶世成佛，劝导众生出五浊，离五痛，断五烧，说此易行难信之法，是为甚难。当知众生，或闻无量寿佛名号，悲悚信乐，深心归依者，皆是夙种善根，已曾供养诸佛。若有闻无量寿佛名号，不敬不信，不乐受持者，皆是恶道中来，不种善根所致。”

佛语弥勒：“如来出世，难值难见，诸佛经法，难得难闻，若闻此经，信乐受持，难中之难，无过此难。当来之世，经道灭尽，我以慈悲哀愍，特留此经，止住百岁。其有众生值斯经者，随意所愿，皆可得度。过是以往，《无量寿经》亦灭，惟余阿弥陀佛四字，广度群生。汝等当受持我语，广流末法，毋令断绝。”

尔时，世尊说此经已，无量众生皆发无上正觉之心，万二千那由他人，得清净法眼①；二十二亿诸天人民，得阿那含果；八百比丘，漏尽②意解；四十亿菩萨，得不退转，以宏誓功德，而自庄严，于将来世，当成正觉。

尔时，三千大千世界六种震动，光明普照十方国土，百千音乐，自然而作，无量妙华，雨满虚空。佛说是经已，尊者阿难及弥勒菩萨，天龙八部，一切大众，皆大欢喜，信受奉行。

注释

①**清净法眼**：指具有观见真理等诸法而无障碍、疑惑的智慧之眼。

②**漏尽**：意思是指烦恼断尽，心意解脱，证得阿罗

汉果。漏，是烦恼的异称。

译文

“我们应当知道，芸芸众生处在这个五浊恶世中，长期深受五痛五烧的折磨，是十方世界中，最值得怜悯悲怀的。五浊、五痛、五烧的折磨是什么呢？五浊分别是劫浊、命浊、见浊、众生浊、烦恼浊；五痛分别是生时痛、老时痛、病时痛、死时痛、患难穷苦痛；五烧分别是淫欲火烧、嗔忿火烧、贪盗火烧、邪伪火烧、愚痴火烧。我如今在这五浊恶世上成佛，为劝说化导众生，超脱五浊恶世，摆脱五痛五烧的折磨，宣说这些易行难信的佛法，这就更为困难。应当知道，世间众生，如果听闻无量寿佛的名号，就恭敬瞻仰，欢喜信受并至心归依，那么这些众生就是前世早已种下善根，已经曾供养诸佛。如果有些人听到无量寿佛的名号，不敬仰不信受并不乐于诚心奉持，那么这些人都是从恶道中来，没有种下善根。”

佛告诉弥勒菩萨：“佛陀出兴于世以来，难逢难见，那些佛法经教，也很难得到很难听闻到，如果能够听闻到这部佛经，继而欢喜深信，至心奉持，这就难上加难，没有比至心奉持更难得了。将来，当经道灭尽时，为慈悲哀怜世间众生，我特意留下这部经典，它只在世间流传一百年。如果有人遇见到这部经典，继而生发信愿，那么他们将全都能够得到度脱。再往以后，这部《无量寿经》也将寂灭，只会留下阿弥陀佛四个字以普度众生。所以，你们应当信受奉持我所说的这些话，让佛法在衰颓的时代继续流传、不断弘扬。”

这时，世尊宣说完这部经典，无数众生全都生发成就最高觉智的心愿，有一万二千那由他之多的人远离烦恼，证得清净法眼；有二十二亿之多的天、人证得阿那含果；有八百个比丘烦恼断尽、心意解脱，证得阿罗汉果；有四十亿的菩萨修行功德善根愈增愈进，能够永不退失转变，并发大誓愿，济度众生，为利益他人而不惜身命所累积的功德以严饰其身格，这些菩萨，将于来世获得最高觉果。

此时，三千大千世界出现六种震动，佛光普照十方国土，百千种美妙的音乐自然生起，充盈缭绕在广阔的空间，无数美丽的天花也从天而降，纷飞在高远的虚空中。佛所说的这部经典到此结束，阿难尊者、弥勒菩萨、天龙八部及一切大众，全都欢喜踊跃，坚固深信，守护奉行。

2 观无量寿经

原典

如是我闻：

一时，佛在王舍城耆阇崛山中，与大比丘众，千二百五十人俱，菩萨三万二千，文殊师利法王子而为上首。

尔时，王舍大城，有一太子名阿阇世，随顺调达恶友之教，收执父王频婆娑罗，幽闭置于七重室内，制诸群臣，一不得往。国太夫人名韦提希，恭敬大王，澡浴清净，以酥蜜和面，用涂其身，诸璎珞中，盛葡萄浆，密以上王。

尔时，大王食面饮浆，求水漱口毕已，合掌恭敬向耆阇崛山，遥礼世尊，而作是言："大目犍连，是吾亲友，愿兴慈悲，授我八戒①。"

时，目犍连如鹰隼飞，疾至王所，日日如是，授王八戒。世尊亦遣尊者富楼那，为王说法。如是时间，经三七日，王食面蜜，得闻法故，颜色和悦。

时，阿阇世问守门者："父王今者犹存在邪？"时守门人白言："大王，国太夫人身涂面蜜，璎珞[2]盛浆，持用上王。沙门目连及富楼那，从空而来，为王说法，不可禁制。"

时，阿阇世闻此语已，怒其母曰："我母是贼，与贼为伴。沙门恶人，幻惑咒术，令此恶王多日不死。"即执利剑，欲害其母。

时，有一臣名曰月光，聪明多智，及与耆婆，为王作礼，白言："大王，臣闻《毗陛论经》说，劫初[3]已来，有诸恶王，贪国位故，杀害其父，一万八千。未曾闻有无道害母，王今为此杀逆之事，污刹利种，臣不忍闻。是旃陀罗[4]，我等不宜复住于此。"时二大臣，说此语竟，以手按剑，却行而退。

时，阿阇世惊怖惶惧，告耆婆言："汝不为我邪？"耆婆白言："大王，慎莫害母。"王闻此语，忏悔求救，即便舍剑，止不害母，敕语内官，闭置深宫，不令复出。

注释

①**八戒：**又作八关斋戒。乃佛陀为在家弟子所制定

暂时出家的学处。受者须一日一夜离开家庭，赴僧团居住，以学习出家人之生活。此斋戒法，即：(一) 不杀生。(二) 不偷盗。(三) 不淫。(四) 不妄语。(五) 不饮酒。(六) 不以华鬘装饰自身。不歌舞观听。(七) 不坐卧高广华丽床座。(八) 不非时食。

②**璎珞：**也作缨络，是由珠玉或花等编缀成的饰物，可以挂在头、颈、胸或手脚等部位。在印度，一般王公贵人都佩戴它。另外，据诸经典记载，在净土或北俱卢洲，都可以看见树上垂有璎珞。《法华经·普门品》载："解颈众宝珠璎珞，价值百千两金，而以与之。"

③**劫初：**是指成劫之初，即欲界有情世界成立之初。劫初时，人皆如色界，肢体圆满，诸根具足无缺，形色端严，身带光明，能腾空自在，饮食享乐，得长寿久住。至地味渐生，其味甘美，诸人竞食，称初受段食。其后，身渐坚重，光明隐没，乃生日月众星，次有地饼、林藤出现。复生男女根，形相殊异，以宿习力而生非理作意，人中欲鬼即初发于此时。

④**旃陁罗：**意译为严炽、暴厉、执恶、险恶人、执暴恶人、主杀人、治狗人等。印度社会阶级种姓制度中，旃陁罗居于首陀罗阶级的下位，是最下级的种族，专事狱卒、贩卖、屠宰、渔猎等职。根据《摩奴法典》所载，旃陁罗是指以首陀罗为父、婆罗门为母的混血种。

译文

我亲自听佛这样说：

那时，佛住在王舍城的耆阇崛山上，与一千二百五十名大比丘及三万二千名菩萨在一起，其中文殊师利菩萨为佛的上首大弟子。

当时，作为摩揭陀国首都的王舍城里，有一个名叫阿阇世的王太子，他听从恶友提婆达多的教唆，捉拿了他的父王频婆娑罗，并把他关闭在七重禁室中，不许诸位大臣前往探望国王。国王的夫人韦提希，非常敬仰热爱国王，常常暗地里沐浴净身后，用酥蜜和面涂在身上，并在佩戴的璎珞饰物中，装着葡萄浆，偷偷地送给国王。每当国王吃过面蜜、葡萄浆并漱过口后，就恭敬地合掌面向耆阇崛山方向，远远地向佛礼敬祈祷，并说道："大目犍连，是我的亲友，希望佛能大发慈悲，派大目犍连来，传授八戒佛法给我。"

于是，大目犍连就像鹰隼一样迅速来到国王跟前，天天为他传授八戒佛法。佛陀又派富楼那尊者为国王宣说佛法。这样，经过了二十一天，国王因为吃了面蜜，又听了佛法，所以显得红光满面、精神焕发。

这时，阿阇世一看，就忙问守门人道："父王怎么还能活到现在?”守门人就对阿阇世说:“大王，事情是这样的，那国母每天在身上涂着面蜜，璎珞中装着葡萄浆，送过来给国王吃。另外，那沙门大目犍连和富楼那也每天从空而降，前来为国王宣说佛法，这些我们都制止不住啊!”

这时，阿阇世一听，就破口大骂其母亲道:“我母亲是贼，竟与贼父王为伍。那些沙门是坏人，也作幻惑咒术，让这罪恶的父王多日不死。”说着，就拿起利剑，要去杀他母亲韦提希夫人。

这时，有一位足智多谋名叫月光的大臣，与耆婆大臣一起上前行礼劝说道:“大王，我们曾听闻《毗陁论经》上说过，在有情世界开始之初，曾有不少恶王为贪图最高王位，杀害了他们的父王，这样的事件有一万八千之多。但是，我们从来不曾听说过恶王害母这样的事，大王今天竟然要做出杀害母亲这种大逆不道的事，沾污刹帝利种的事，我们实在是不堪耳闻。对于这样的暴行逆施，我们觉得不适宜继续在此效力。”两位大臣说完这些话，就手按宝剑，退出去。

当时，阿阇世见状，十分惊恐，忙对耆婆大臣说:“难道你也不想为我做事?”耆婆回答说:“大王，你千万不能杀害你的母亲。”阿阇世听罢，最终醒悟自责，忏悔不已，马上扔掉利剑，决定不杀母亲，便叫内官将母亲禁闭在深宫中，不让她再出来。

原典

时，韦提希被幽闭已，愁忧憔悴，遥向耆阇崛山，为佛作礼，而作是言："如来世尊，在昔之时，恒遣阿难来慰问我，我今愁忧，世尊威重，无由得见，愿遣目连、尊者阿难，与我相见。"作是语已，悲泣雨泪，遥向佛礼。未举头顷，尔时，世尊在耆阇崛山，知韦提希心之所念，即敕大目犍连及以阿难，从空而来，佛从耆阇崛山没，于王宫出。时，韦提希礼已举头，见世尊释迦牟尼佛，身紫金色，坐百宝莲华。目连侍左，阿难侍右，释梵[①]、护世[②]、诸天，在虚空中，普雨天华，持用供养。

时，韦提希见佛世尊，自绝璎珞，举身投地，号泣向佛白言："世尊，我宿何罪，生此恶子；世尊复有何等因缘，与提婆达多[③]其为眷属[④]。惟愿世尊，为我广说无忧恼处，我当往生，不乐阎浮提浊恶世也。此浊恶世界，地狱、饿鬼、畜生盈满，多不善聚。愿我未来，不闻恶声，不见恶人。今向世尊五体投地，求哀忏悔，惟愿佛日教我观于清净业处[⑤]。"

尔时，世尊放眉间光，其光金色，遍照十方无量世界。还住佛顶，化为金台，如须弥山。十方诸佛、净妙国土，皆于中现。或有国土，七宝合成；复有国土，纯是莲华；复有国土，如自在天宫；复有国土，如玻璃镜。十方国土，皆于中现，有如是等无量诸佛国土，严显可观，令韦提希见。

时韦提希白佛言："世尊，是诸佛土，虽复清净，皆有光明，我今乐生极乐世界阿弥陀佛所，惟愿世尊教我思惟⑥，教我正受⑦。"

尔时，世尊即便微笑，有五色光从佛口出，一一光照频婆娑罗王顶。尔时，大王虽在幽闭，心眼无障，遥见世尊，头面作礼，自然增进，成阿那含。

注释

①**释梵：**指帝释与梵王。这两位天王归依释迦牟尼佛，是佛教经论中常见的守护神。

②**护世：**即护世四天王，这四天王是持国（东方）、增长（南方）、广目（西方）、多闻（北方）四天王。这四天王居住在须弥山四方的半腹，常守护佛法，护持四天下，使诸恶鬼神不得侵害众生，所以称之为护世。

③**提婆达多：**是斛饭王之子，阿难之兄，佛的从弟。四月七日食时生，身长一丈五尺四寸。出家学神通，身具三十相，诵六万法藏，为利养造三逆罪，生堕地狱，

但其本地为深位菩萨，于法华受天王如来的记莂。

④**卷属**：眷是亲爱的意思，属是隶属的意思，眷属即指亲近、顺从者。佛陀有大眷属与内眷属；内眷属指其出家以前车匿、瞿毗耶等人，以及苦行时的五人给侍、得道时的阿难等；大眷属则指舍利弗、目犍连等诸圣，及弥勒、文殊师利等诸菩萨。

唐代善导在《观无量寿经疏》(即《观经四帖疏》)中，将佛陀的眷属分为在家、出家二种，佛陀有伯、叔四人为在家者称为外眷属，佛弟子为出家者称为内眷属。如果广义言之，则凡是闻道受教者均是佛的眷属。

⑤**清净业处**：这里指的是以清净业所感得之处所(净土)的意思，可以看作是净土的异名。

⑥**思惟**：是思考推度的意思。思考真实的道理，称为正思惟，是八正道之一；反之，则称邪思惟（不正思惟)，是八邪之一。

⑦**正受**：指远离邪想而领受正所缘之境的状态，也即入定时，以定之力使身、心领受平等安和之相。又定心而离邪乱称为“正”，无念无想而纳法在心称为“受”，犹如明镜之无心现物。隋代慧远的《观无量寿经义疏》卷末及智颉的《观无量寿佛经疏》卷下等，就“教我思惟、教我正受”之语有所论述，认为散善之三福业为思惟，定善之十六观为正受。

译文

这时，韦提希被幽禁后，整天忧愁苦闷，憔悴不堪。她面向耆阇崛山方向，远远地向佛礼敬祈祷，并这样说道："佛陀啊！在过去的那些日子里，你常常派遣阿难等人来慰问我，我如今忧愁重重，佛陀你神通广大，我无法见到你，但愿你能派大目犍连和阿难尊者等前来与我相见。"韦提希说罢，泪如雨下，悲痛万分，继续向佛礼敬遥拜。不一会儿，佛陀在耆阇崛山上，感知到韦提希的心念，就派大目犍连和阿难一起从空而降。佛陀自己也从耆阇崛山上消失，出现于王宫。当时，韦提希礼敬祈祷完毕，刚一抬头，猛然看到释迦牟尼佛全身发放着紫金色的光明，坐在百宝莲花中，出现在韦提希的眼前。大目犍连侍护在佛的左侧，阿难侍候在佛的右侧，帝释、梵王、护世等守护神，出现在虚空中，天花纷飞，以供养佛陀及诸位尊者。

韦提希一见佛陀，就摘掉身上的璎珞等饰物，五体投地，号哭着对佛诉说："世尊啊！我前世有什么罪孽，生下了这样凶恶的儿子；世尊又有怎么样的因缘，提婆达多与你结成眷属。只盼世尊能为我广泛宣说排除忧愁烦恼的佛法，好让我往生他国净土，脱离这人间秽土。

这个五浊恶世，充满了地狱、饿鬼、畜生，聚积了罪孽和恶行。但愿我的未来世界里，听不到恶声，碰不到恶人。如今我向你五体投地，忏悔祈求，只愿你能示我教化，让我天天观见到清净乐土。”

那时，释迦牟尼佛的眉宇间放着金色的光明，光明照遍十方无数佛土。佛光盘旋在佛的头顶上化为金台，就像须弥山一般。于是，十方诸佛及无数清净妙土都在金台中显现。有的佛土，由七宝和合而成，有的佛土，遍地是一片莲花；有的佛土，像自在无碍的天宫；又有的佛土，如玻璃镜一般的清净。无数个佛国净土的庄严气象，都清晰可见，令韦提希目不暇接。韦提希又对佛说道：“世尊，我看到的这些佛土，虽然全都清净庄严，充满光明，但我乐于往生阿弥陀佛的极乐世界，希望你能教我观想正受。”

那时，释迦牟尼佛听韦提希说完，马上就面带微笑，嘴里发出五色光明，全都照射到频婆娑罗王的头顶上。这时的频婆娑罗王，虽然身被幽禁，却心眼自由无碍，能看到远处的世尊，于是礼敬拜佛，功德自然而然地增进，证得了阿那含果。

原典

尔时，世尊告韦提希：“汝今知不？阿弥陀佛去此不远，汝当系念[①]，谛观彼国，净业[②]成者。我今为汝广说众譬，亦令未来世一切凡夫，欲修净业者，得生西方极乐国土。欲生彼国者，当修三福：一者孝养父母，奉事师长，慈心不杀，修十善业；二者受持三归[③]，具足众戒，不犯威仪；三者发菩提心，深信因果[④]，读诵大乘，劝进行者[⑤]。如此三事，名为净业。”佛告韦提希：“汝今知不？此三种业，乃是过去、未来、现在三世诸佛净业正因。”

佛告阿难及韦提希：“谛听谛听，善思念之，如来今者为未来世一切众生，为烦恼贼之所害者，说清净业。善哉韦提希，快问此事。阿难，汝当受持，广为多众宣说佛语。如来今者，教韦提希及未来世一切众生，观于西方极乐世界，以佛力故，当得见彼清净国土，如执明镜，自见面像，见彼国土极妙乐事，心欢喜故，应时即得无生法忍[⑥]。”佛告韦提希：“汝是凡夫，心想羸劣，未得天眼，不能远观。诸佛如来，有异方便，令汝得见。”

时，韦提希白佛言：“世尊，如我今者，以佛力故，见彼国土。若佛灭后，诸众生等，浊恶不善，五苦所逼，云何得见阿弥陀佛极乐世界？”

注释

①**系念**：指心念系于一处而不思其他东西。

②净业：指清净的行业，即世福、戒福、行福的三种福业，这三福业也就是以下经文所要提的孝养父母、受持三归、发菩提心等，这三福业是众生往生净土的正因，也是菩萨净佛国土的无漏修因。

历史上，对本经文中“谛观彼国净业成者”一语，各家解说不同：（一）据隋代慧远的《观无量寿经义疏》载，彼国是指彼土的依报，净业成者是指彼国佛菩萨及往生人等的正报。（二）宋代元照的《观无量寿经义疏》中，以彼土的依、正二报，总为净业所成。（三）善导的《观经序分义》，主张众生根机有定、散二种，如来方便开显三福，以应散动的根机；而“欲生彼国”旨在揭示“所归”的意义，“当修三福”则特为揭示“行门”的意义。

③三归：即三归依。归依含有救护、趣向、请求救护，以求解脱一切苦的意思。三归就是归依佛、归依法、归依僧，这成为佛教徒所必经的仪式。三归可分为两种，一是翻邪三归，即翻邪道而入正道时，所受的三归；二是受戒三归，有五戒三归、八戒三归、十戒三归、具足戒三归等四种。如果提到五种三归时，则是指四种三归加上翻邪三归。关于归依三宝的旨趣，《俱舍论》卷十四说，归依三宝能永远解脱一切苦厄。

④因果：指原因与结果，也就是因果律。因果律是

佛教教义体系中，用来说明世界一切关系的基本理论。佛教认为，一切诸法的形成，“因”是能生，“果”是所生，也就是说，能引生结果者为因，由因而生者为果。就时间的因果关系而言，因在前，果在后，称为因果异时；就空间而言，因果相倚相依，存在着广义的因果关系，称为因果同时。因果律是佛教重要的基本教理，在诸经典中常对此理加以阐释说明，并以善恶的因果报应如影随形而相续不绝，来劝导人修行佛道，超脱有漏的境界，达到无漏的寂静地。

⑤**行者：**是指观行者，或者泛指一般佛道的修行者，又称行人、修行人。一般修净土念佛法门的人，称“念佛行者”。

⑥**无生法忍：**谓观诸法无生无灭之理，而能安住且不动心。

译文

那时，释迦牟尼佛对韦提希说：“你可知道？阿弥陀佛其实离我们并不远，你应当系念一境，用心观想极乐净土的净业所成，就能实现你的愿望。我在此为你方便设喻宣说佛法，也是为来世的一切凡夫中，那些想要修行清净业的人，能够往生西方极乐世界。要往生西方极乐净土，应当修行三种福业：第一是孝敬赡养父母、侍奉听从师长，慈悲为怀，不事杀戮，修持十善；第二是信受奉持三归依，遵行佛门诸戒，不违犯律仪；第三是发成就菩提正觉的心愿，深信因果律，读诵大乘经典，劝说策进佛门之修行者。以上三福就叫净业。”佛接着又对韦提希说：“你可知道，这三种福业，是过去、未来、现在三世诸佛成就净业的根据啊！”

佛继续对阿难及韦提希说：“请你们仔细听着并好好思惟，我今天为来世一切众生中的那些被烦恼所困扰的人，宣说佛门清净业。韦提希提出上面的要求，是件大好事。阿难，你应当信受奉持并大力宣传我所说的话。我今天教韦提希和未来世所有众生观想西方极乐世界，用我的佛力，他们就能像手持明镜照见自己脸面和身形一样，看到西方清净佛国里的种种极乐景观，继而身心愉悦，很快能达到顿契于佛法真理而安住的离相境界。”佛又对韦提希说：“你是凡夫，心力狭窄，忆念微弱，又没有天眼神通，不能洞见到很远的地方。于是诸佛如来，就使用种种方便，让你能够看到极乐世界。”

这时，韦提希就对佛说：“我今天有幸凭借佛的神力，看到了极乐净土。如果佛寂灭以后，那些在这五浊恶世中深受五苦缠绕的芸芸众生，怎么能看到阿弥陀佛的极乐世界呢？”

原典

佛告韦提希："汝及众生，应当专心，系念一处，想于西方。云何作想？凡作想者，一切众生，自非生盲，有目之徒，皆见日没，当起想念，正坐西向，谛观于日欲没之处，令心坚住，专想不移，见日欲没，状如悬鼓。既见日已，闭目开目，皆令明了，是为日想，名曰初观。

"次作水想。见水澄清，亦令明了，无分散意。既见水已，当起冰想，见冰映彻。作琉璃想，此想成已，见琉璃地，内外映彻，下有金刚七宝金幢擎琉璃地，其幢八方，八楞具足，一一方面，百宝所成，一一宝珠，有千光明。一一光明，八万四千色，映琉璃地，如亿千日，不可具见。琉璃地上，以黄金绳，杂厕间错，以七宝界，分齐分明。一一宝中，有五百色光，其光如华，又似星月，悬处虚空，成光明台，楼阁千万，百宝合成。于台两边，各有百亿华幢，无量乐器，以为庄严。八种清风，从光明出，鼓此乐器，演说苦、空、无常、无我之意。是为冰想，名第二观。

"此想成时，一一观之，极令了了。闭目开目，不令散失，唯除食时，恒忆此事。如此想者，名为粗见极乐国地。若得三昧[①]，见彼国地，了了分明，不可具说，是为地想，名第三观。”

佛告阿难：“汝持佛语，为未来世一切大众欲脱苦者，说是观地法。若观是地者，除八十亿劫生死之罪，舍身他世，必生净国，心得无疑。作是观者，名为正观，若他观者，名为邪观。”

注释

①**三昧**：指将心定于一处（或一境）的一种安定状态。一般修行大都止心一处，不令散乱，而保持安静，这就是三昧的状态。达三昧状态时，即起正智慧而开悟真理，所以称此三昧修行而达到佛之圣境者为三昧发得或发定。另外，一般俗语中形容妙处、极致、蕴奥、诀窍等时，常以“三昧”称之，这是套用佛教用语而发生的转意，与原义迥然不同。

译文

佛告诉韦提希说：“你和其他众生，应当专心一境、系念一处，对西方进行观想。怎么进行观想呢？凡是做观想的一切众生，只要不是盲人，凡是有眼睛的人全都见到过日落情景，因此，观想时，要求向西端坐，真切地观想那太阳即将降落的地方，令心坚固，专注不移，继而观想看见太阳要落山时，其形状像鼓一样悬在天空。观想太阳以后，能做到睁眼闭眼间，都清晰光明，这就完成了日想观，这也叫初观。

“其次是将前面第一观观想出来的落日，叫它变成水。也就是忆想净水清澄，没有半点浑浊之象，观想得清清楚楚，明明了了；专心系念，此心不散。水观想以后，再作冰想，观想水结成冰时晶莹剔透的样子。继而再作琉璃宝色观想，琉璃宝观想完成后，再进一步观想见琉璃地，观想见到琉璃地内外透彻，下面有金刚七宝和合而成的金柱子支撑着琉璃地，柱子的八方有八个边角，每个边角，都是百宝和合而成的，上面镶嵌的颗颗宝珠，发放出千道光明。每一道光明，又有八万四千种色彩，在琉璃地上交相辉映，就像千百亿个太阳，也不及这般万种光辉。琉璃地上，黄金为绳，纵横交错，七宝划界，整齐分明。每一个宝物，有五百种光色，光色如鲜花一样烂漫，又似星星月亮一般高悬在虚空，构合成光明台和千万个楼阁房宇，这些亭台楼阁也由百宝合成。再观光明台的两边，有数不尽的花幢旛，有无数个乐器，使光明台更为庄严。与此同时，八种清风，从光明台徐徐吹出，鼓动起各种乐器，乐声袅绕，演说着苦、空、无常、无我等佛法大意。这就是冰想，也就是第二观。

“第二观想完成后，再仔细理会，直到要观想的景物穷尽了然。要做到睁眼闭眼间，除去吃饭时间，全部忆念观想的内容，力求没有一点散失，这样的观想叫做粗见极乐世界的地相。如果修行，获得正定的极妙境界，十分清楚明了地观想见到那极乐世界，说也说不完，这就是作地想，也叫第三观。”

佛继续对阿难说：“你应当奉持我所说的这些话，为后世的所有想摆脱苦难的人，宣说这个观地法门。如果人们修行地观，必能消除八十亿劫的生死之罪，来世一定能够往生极乐净土，内心必得相信而没有疑惑。进行这样观想才是正观，如果进行其他的观想则是邪观。”

原典

佛告阿难及韦提希：“地想成已，次观宝树。观宝树者，一一观之，作七重行树想，一一树高八千由旬。其诸宝树，七宝华叶，无不具足，一一华叶，作异宝色。琉璃色中，出金色光，玻璃色中，出红色光，玛瑙色中，出砗磲光，砗磲色中，出绿真珠光。珊瑚琥珀，一切众宝，以为映饰，妙真珠网，弥覆树上。一一树上，有七重网，一一网间，有五百亿妙华，宫殿如梵王宫，诸天童子，自然在中。一一童子，五百亿释迦毗楞伽摩尼[①]，以为璎珞，其摩尼光照百由旬，犹如和合百亿日月，不可具名，众宝间错，色中上者。此诸宝树，行行相当，叶叶相次，于众叶间，生诸妙华，华上自然有七宝果。一一树叶，纵广正等二十五由旬，其叶千色，有百种画，如天璎珞。有众妙华，作阎浮檀金[②]色，如旋火轮，宛转叶间，涌生诸果如帝释瓶[③]，有大光明，化成幢幡无量宝盖。是宝盖中，映现三千大千世界、一切佛事、十方佛国，亦于中现。见此树已，亦当次第一一观之，观见树茎、枝叶、华果，皆令分明。是为树想，名第四观。

“次当想水。欲想水者，极乐国土，有八池水[④]，一一池水，七宝所成。其宝柔软，从如意珠王生，分为十四支，一一支作七宝妙色。黄金为渠，渠下皆有杂色金刚，以为底沙。一一水中，有六十亿七宝莲华，一一莲华，团圆正等十二由旬。其摩尼水流注华间，寻树上下，其声微妙，演说苦、空、无常、无我诸波罗蜜，复有赞叹诸佛相好[⑤]者。如意珠王，涌出金色微妙光明，其光化为百宝色鸟，和鸣哀雅，常赞念佛、念法、念僧，是为八功德水想，名第五观。

“众宝国土，一一界[⑥]上，有五百亿宝楼，其楼阁中有无量诸天，作天伎乐[⑦]，又有乐器悬处虚空，如天宝幢不鼓自鸣，此众音中，皆说念佛、念法、念比丘僧。此想成已，名为粗见极乐世界，宝树、宝地、宝池、宝楼，是为总观想，名第六观。若见此者，除无量亿劫极重恶业，命终之后，必生彼国。作是观者，名为正观，若他观者，名为邪观。”

注释

①**释迦毗楞伽摩尼：**即释迦毗楞伽摩尼宝，一般意译为帝释持，意思是帝释天之所有，又译作能胜、离垢等。摩尼是宝珠的总称，即帝释天的颈饰，常能放光，经典中亦以之为释尊、观世音、弥勒等佛菩萨的庄严具。《大法炬陀罗尼经》卷五《忍较量品》中说，须弥山顶有威花、释迦毗楞伽、宝精三宝，其中毗楞伽宝是纯真金色，为善根所生，自然雕莹，能出过须弥山顶的忉利天处、夜摩天处、兜率天处，住于梵宫；菩萨从阎浮提生兜率天，以善根力，此宝即自然生于箧中，所有魔事自然而然地消除。

②**阎浮檀金：**阎浮即阎浮树，落叶乔木，原产于印度，四、五月间开花，结深紫色果实，稍带酸味，种子可作药用。据说流于此树林间的诸多河多含沙金，所以称为阎浮檀金。

③**帝释瓶：**又叫贤瓶、德瓶、天瓶、吉祥瓶。即帝释天所用的宝瓶，此瓶可随心所欲，变现各种东西。

④**八池水**：指有八个莲花池，而池水具有八种功德。这八种功德是指：澄净、清冷、甘美、轻软、润泽、安和、除饥渴、长养诸根等。

⑤**相好**：相，是指佛肉身所具足特殊容貌中的显而易见者，可分三十二相；好，是佛肉身形貌的微细难见者，共有八十种好。两者并称，就是相好。佛于过去世百大劫间，曾修相好业，故于此生成就相好。

⑥**界**：是梵语的意译，含有层、根基、要素、基础、种族诸义。界一般作为各种分类范畴的称呼，如：眼、耳、鼻、舌、身、意六根，对色、声、香、味、触、法等六境，而产生眼识、耳识、鼻识、舌识、身识、意识等六识，合称十八界，又如地、水、火、风、空、识称为六界。此外，欲界、色界、无色界称为三界，此“界”有接近于“境界”的意思。

⑦**伎乐**：是音乐的意思。在净土、法华诸经中，强调以香花、伎乐作为供养，这就禁止以娱乐为目的之伎乐，而承认以供养为目的之伎乐。

译文

佛又告诉阿难和韦提希：“地观想完成后，再观想宝树。你们需一一展开以下的观想，先是观想七重宝树，一行行生长排列在极乐净土上，每棵树都高达八千由旬。棵棵大树，长满七宝，和合而成的花叶，一花一叶都显得光彩纷呈、宝色各异。琉璃色花叶中泛出金色光明，玻璃色的现出红色光明，玛瑙色的现出砗磲的光明，砗磲色的现绿真珠的光明。树上，珊瑚琥珀，无数珍宝，互相映衬，真珠宝网，也覆盖在树上。每棵树上，有七重宝网，每个宝网间，又有五百亿美妙的花，有梵王宫一般的宫殿，随侍诸天的童子自然出现在那里。每个童子身上，都有五百亿个释迦毗楞伽摩尼宝珠，像璎珞一样作为饰物，宝珠发出的光明也能照射一百由旬远，恰如百亿个日月，光明和合照射十方，说都说不出有多大的光明。众宝相间，光色交错，是光色之中最上者。这些宝树，行行相对，叶叶相序，繁枝茂叶间，开满各种美妙的花，结满七宝硕果。每片树叶，长宽有二十五由旬，其树叶颜色千种之多，树叶上脉络美丽如画，又如天人挂的璎珞。宝树上开满无数美妙的花儿，花儿呈现阎浮檀金色光，像旋火轮一般，在叶间千变万化，冒现出好多妙果，像帝释天所用的宝瓶一样，并光明四射，变化成无数旗幡和宝盖。三千大千世界及一切佛事、十方佛国，全都映现在无数宝盖中。观想完宝树后，再一一观想宝树的躯干，和花果枝叶，做到清清楚楚，明明白白。这就是进行宝树观想，称之为第四观。

“宝树观想以后，再作水观想。观想水时，就观想极乐净土中，共有八个莲花池，每一处的池水都由七宝和合而成。那七宝水非常柔软精细，是从如意珠王生出来的，而且分为十四支流，每一支流又具有七宝妙色。池水流淌的渠道由黄金砌成，渠底全是金刚沙作为沙底。每一处池水都盛开着六十亿朵七宝莲花，每一朵莲花，直径都有十二由旬。莲花间的摩尼水在花上来回滚动，又不断地攀援、渗透到宝树间；那微妙的声音，好像在演布宣说苦、空、无常、无我等佛法，也仿佛在赞叹称颂诸佛的光辉形貌。那些如意珠王，放出美妙的金色光明，光明化成各种羽翼缤纷的鸟儿，婉转鸣啁，抑扬顿挫，不停地赞说着念佛、念法、念僧的妙处，以上就是作八功德水观想，也叫第五观。

“第五观之后，再观想诸多的佛国宝地，每一个地方都有五百亿宝楼，楼阁之中又有无数天界，天乐声声美妙悠扬，并有各种乐器悬挂在虚空中，像天国的宝幢一样不敲自鸣，各种音乐声，都宣说着念佛、念法、念僧的道理。作这种观想完成以后，就可以称为粗见到极乐世界，那些观想的宝树、宝地、宝池、宝楼融为一体，称为总观想，也叫第六观。如果有人能观想这些，就能去除无数亿劫的生死之罪，命终之后，一定会往生极乐净土。进行这样的观想，才是正观，否则就是邪观。”

原典

佛告阿难及韦提希：“谛听谛听，善思念之，吾当为汝分别[①]解说除苦恼法，汝等忆持，广为大众分别解说。”说是语时，无量寿佛住立空中，观世音、大势至是二大士，侍立左右。光明炽盛，不可具见，百千阎浮檀金色不得为比。时韦提希见无量寿佛已，接足作礼，白佛言：“世尊，我今因佛力故，得见无量寿佛及二菩萨。未来众生，当云何观无量寿佛及二菩萨？”

佛告韦提希：“欲观彼佛者，当起想念。于七宝池上，作莲华想，令其莲华，一一叶上，作百宝色，有八万四千脉，犹如天画，脉有八万四千光，了了分明，皆令得见。华叶小者，纵广二百五十由旬，如是莲华，具有八万四千叶，一一叶间，有百亿摩尼珠王以为映饰。

“一一摩尼珠，放千光明，其光如盖，七宝合成，遍覆地上。释迦毗楞伽宝，以为其台，此莲华台，八万金刚甄叔迦宝[②]梵摩尼宝妙真珠网，以为校饰。于其台上，自然而有四柱宝幢，一一宝幢，如百千万亿须弥山，幢上宝幔，如夜摩天[③]宫，复有五百亿微妙宝珠，以为映饰。一一宝珠，有八万四千光。一一光，作八万四千异种金色。一一金色遍其宝上，处处变化，各作异相，或为金刚台，或作真珠网，或作杂华云，于十方面，随意变现，施作佛事。是为华座想，名第七观。”

佛告阿难：“如此妙华，本是法藏比丘愿力所成。若欲念彼佛者，当先作此华座想，作此想时，不得杂观，皆应一一观之。一一叶，一一珠，一一光，一一台，一一幢，皆令分明，如于镜中，自见面像。此想成者，灭除五万亿劫生死之罪，必定当生极乐世界。作是观者，名为正观，若他观者，名为邪观。”

注释

①**分别**：此处当分析、区分、类别的意思讲，也就是欲分类、分析教法，而由种种立场研究考察的意思。

②**甄叔迦宝**：即赤色宝，是宝石之一，因为这赤色宝石与甄叔迦树的花相似而美，又是赤色，所以有此名。窥基的《弥勒上生经疏》中说：“甄叔迦者，状似赤琉璃宝珠。”琉璃的颜色有多种，以红色最殊胜。

③**夜摩天**：夜摩，梵名意译为善时分、善时、善分、妙善、妙时分、妙唱、唱乐等。夜摩天是欲界六天的第三天，又叫焰摩天、须炎天、离净天等。此天界光明赫奕，无昼夜之分，居于其中，时时刻刻受不可思议的欢乐。信仰夜摩天王，始于印度吠陀时代以后，此天界因

充满欢乐光明世界，为印度民族所憧憬，也成为亡者所欲往生之处。其后夜摩天逐渐演变为人死后的审判官，而成为鬼趣、地狱之主，即所谓的阎魔王，并相信其天界在天空的上层，但该信仰被引入佛教之后，乃置其位于六欲天的第三天。

译文

佛继续对阿难和韦提希说："你们认真听听，好好思量，我正在为你们分析解说去除烦恼的方法，你们必须忆念奉持，为广大众生分别解说，弘扬佛法。"佛正说着时，阿难和韦提希只见无量寿佛住立在空中，观世音菩萨和大势至菩萨一左一右侍立在无量寿佛身旁。他们身上金光灿灿，光明四射，令人眩目，千百种阎浮檀金色也因此而逊色。韦提希看见无量寿佛后，就行接足礼，对佛说："世尊，今天靠你的神力，我能看到了无量寿佛以及观世音、大势至两位菩萨。但是，未来的芸芸众生，他们如何能够观见无量寿佛以及两位菩萨呢？"

佛就对韦提希说："想要见到无量寿佛，必须进行观想忆念。在七宝和合的池上，作莲花观想，观想那片片莲叶上，有百宝和合的光色，八万四千根叶脉像天画一般，叶脉上八万四千道光明清晰分明，皆可看见。那花叶，小的直径也有二百五十由旬，这样的莲花，有八万四千片叶子，片片莲叶间，百亿颗摩尼珠王相互映衬。每颗摩尼珠都光明四射，像七宝和合的宝盖，照遍大地。释迦毗楞伽宝形成莲花台，八万颗赤色的金刚宝珠形成真珠网，装饰着莲花台。莲花台上，有四根宝幢，每个宝幢，就像百千万亿的须弥山，幢上的宝幔，就像光明赫奕的夜摩天宫一般，又有五百亿颗精细微妙的宝珠交相映饰。颗颗宝珠，放出八万四千道光明，每一道光明都含有八万四千种金色。种种金光闪烁遍照在各种宝物上，呈现出千变万化的姿态，在方方面面随意变现，或者成为金刚台，或者成为真珠网，或者成为杂花云，一起进行着佛事。以上就是作花座观想，也叫第七观。”

佛又对阿难说：“这样的妙花，本来是凭法藏比丘的愿力而成。如果要忆念无量寿佛，就应当进行花座观想，从事花座想时，不能心有杂念，应当心系一境，步步展开。每片叶子，每颗宝珠，每道光明，每一座莲花台，每根宝幢，都应观想得清楚明晰，像在镜子面前照见形貌一般。如果能完成这种观想，那么就能灭除五万亿劫的生死之罪，一定能够往生到极乐世界。进行这样的观想才是正观，否则就是邪观。”

原典

佛告阿难及韦提希：“见此事已，次当想佛。所以者何？诸佛如来，是法界身[①]，入一切众生心想中，是故汝等心想佛时，是心即是三十二相八十随形好[②]。是心作佛，是心是佛，诸佛正遍知[③]海，从心想生。是故应当一心系念，谛观彼佛多陀阿伽度阿罗诃三藐三佛陀。想彼佛者，先当想象，闭目开目，见一宝像，如阎浮檀金色，坐彼华上。见像坐已，心眼得开，了了分明，见极乐国，七宝庄严，宝地宝池，宝树行列，诸天宝幔，弥覆其上，众宝罗网，满虚空中，见如此事，极令明了，如观掌中。见此事已，复当更作一大莲华，在佛左边，如前莲华，等无有异，复作一大莲华，在佛右边。想一观世音菩萨像，坐左华座，亦作金色，如前无异，想一大势至菩萨像，坐右华座。此想成时，佛菩萨像，皆放光明。其光金色，照诸宝树，一一树下，亦有三莲华，诸莲华上，各有一佛二菩萨像，遍满彼国。此想成时，行者当闻水流光明，及诸宝树，凫雁鸳鸯，皆说妙法。出定入定[④]，恒闻妙法。行者所闻，出定之时，忆持不舍，令与修多罗[⑤]合，若不合者，名为妄想，若与合者，名为粗想见极乐世界。是为像想，名第八观。作是观者，除无量亿劫生死之罪，于现身中，得念佛三昧[6]。”

佛告阿难及韦提希：“此想成已，次当更观无量寿佛身相光明。阿难当知，无量寿佛身如百千万亿夜摩天阎浮檀金色，佛身高六十万亿那由他恒河沙由旬，眉间白毫[7]右旋宛转，如五须弥山[8]。佛眼如四大海[9]水，青白分明，身诸毛孔，演出光明，如须弥山，彼佛圆光，如百亿三千大千世界。于圆光中，有百万亿那由他恒河沙化佛[10]。一一化佛，亦有众多无数化菩萨以为侍者。无量寿佛有八万四千相，一一相中，各有八万四千随形好。一一好中，复有八万四千光明，一一光明，遍照十方世界念佛众生，摄取不舍。其光相好，及与化佛，不可具说，但当忆想，令心眼[11]见，见此事者即见十方一切诸佛，以见诸佛故，名念佛三昧。作是观者，名观一切佛身。以观佛身故，亦见佛心。佛心者大慈悲[12]是，以无缘慈[13]摄诸众生。作此观者，舍身他世，生诸佛前得无生忍。

“是故，智者应当系心，谛观无量寿佛。观无量寿佛者，从一相好入，但观眉间白毫，极令明了，见眉间白毫相者，八万四千相好，自然当现。见无量寿佛者，即见十方无量诸佛。得见无量诸佛故，诸佛现前授记[14]。是为遍观一切色身相，名第九观，作是观者，名为正观，若他观者，名为邪观。”

注释

①**法界身**：指佛的法身。法界，为所化之境，即众生界；身，为能化之身，即诸佛之身。即指化益众生界的佛身，称为法界身。(参见《观无量寿佛经疏》卷三“定善义”) 另一种理解认为：法界，指众生之心法；此心能生世间、出世间等一切诸法，所以称为法界；又法界能生诸佛相好之身，所以称佛身为法界身，也就是法界所生之身。(参见《往生论注》卷上)

②**八十随形好**：即佛菩萨之身所具足的八十种好相。

③**正遍知**：佛的十号之一，意思是真正遍知一切法。梵语音译作三藐三佛陀，三藐，是正的意思；三，是遍的意思；佛陀，是知、觉的意思。因此，正遍知也叫正等觉、正等正觉等。

④**出定入定**：出定，即出于禅定的意思，即由入定状态恢复平常状态。入定，是入于禅定之意，即摄驰散之心，入安定不动的精神状态。

⑤**修多罗**：是一切佛法的总称。

⑥**念佛三昧**：指以念佛为观想内容的一种禅定，也就是观念佛德或称念佛名的三昧。分为因行、果成两类：(一) 因行念佛三昧，指一心观佛的相好，或一心观

法身的实相，二者皆为观想念佛，反之，一心称念佛名，即为称名念佛。(二) 果成念佛三昧，指上述三种的因行所成，如心入禅定，或佛身现前。因行念佛三昧为“修得”，果成念佛三昧为“发得”。

⑦**白毫：**是佛在两眉之间的柔软细泽的白毛，引之则长一寻（或是初生时长五尺，成道时长一丈五尺），放之则右旋宛转，犹如旋螺，鲜白光净，一似真珠，如日之正中，能放光明，称为白毫光。众生若遇其光，可消除业障、身心安乐。

⑧**如五须弥山：**此处是指无量寿佛的毫相大小犹如五倍的须弥山那样高广。须弥山高三百三十六万里，纵广也是如此，而无量寿佛的毫相超过此五倍，所以说“如五须弥山”，并非指五座不同的须弥山。(参见《观无量寿经义疏》卷末)

⑨**四大海：**此处形容无量寿佛眼量之纵广。四大海，一般指须弥山四周的大海。在古代印度的世界观中，须弥山位于世界之中间，其周围有四大海，四大海中各有一大洲，四大海外则为铁围山。另外，四大海也指环绕国土四周之海。

⑩**化佛：**此指原无而忽有的佛，即应机宜而忽然出现的佛形。千手观音四十手中，其左手之一手中所持之佛即为化佛，所以称化佛手。

⑪**心眼**：指依禅定之力可透见障外之色，照了诸法。也就是不依肉眼，亦不依天眼，由定力之故，能照见他方佛国诸佛及佛土的庄严，或能觉知己身内之种种不净。

⑫**慈悲**：慈爱众生并给予快乐（与乐），称为慈；同感其苦，怜悯众生，并拔除其苦（拔苦），称为悲；二者合称为慈悲。佛陀之悲乃是以众生苦为己苦之同心同感状态，故称同体大悲。又其悲心广大无尽，故称无盖大悲。

⑬**无缘慈**：即无缘慈悲，是一种绝对的慈悲、真实的慈悲、最高的慈悲。佛教认为，慈悲有三种：一是生缘慈悲，又叫有情缘慈、众生缘慈。即观一切众生犹如赤子，而与乐拔苦，此乃凡夫的慈悲。但三乘（声闻、缘觉、菩萨）最初的慈悲亦属此种，所以也称小悲。二是法缘慈悲，指开悟诸法乃无我之真理所起的慈悲。是无学（阿罗汉）二乘及初地以上菩萨的慈悲，又称中悲。三是无缘慈悲，为远离差别见解，无分别心而起的平等绝对的慈悲，此乃佛独具的大悲，非凡夫、二乘等所能起，故特称为大慈大悲、大慈悲。

⑭**授记**：本指分析教说，或以问答方式解说教理；转指弟子所证或死后之生处；后专指未来世证果及成佛名号的预言（又作预记）。授记主要指证言未来成佛的意思。最著名的授记，如释尊于过去世得燃灯佛的授记，

又如弥勒曾经受释尊的授记。大乘经典中，成佛授记的说法更为普遍。如《无量寿经》记载，法藏比丘经世自在王如来授记，而成阿弥陀佛；《法华经》卷二记载，舍利弗等声闻之授记；《法华经》卷四记载，恶人提婆达多，与一般视作不可成佛的女人皆获授记。

译文

佛继续告诉阿难和韦提希："观想花座完毕后，应当观想佛陀。为什么这样说呢？诸佛如来就是法性身，入于一切众生的心想中，所以众生心念想佛时，此心就是佛的三十二种殊胜容貌和八十种微妙形相。此心作佛，此心便是佛，诸佛的正等正觉都是从心想而生。所以，应当集中心念，仔细观想无上正遍知一切法的佛陀。观想佛时，首先应当观想佛像，睁眼闭眼间，都要观想一座宝像，全身发着阎浮檀金色般的光明，端坐在莲花宝座上。观想佛像后，心眼开通，清晰分明，洞见深远，能看到那七宝庄严的极乐净土，宝地宝池处处，宝树行行，各种宝幔覆盖在上面，各种宝网也张满在虚空中。在如同观于手掌上一般清楚明了地观想以上情形之后，再观想一个大莲花，盛开在佛的左边，与前面的莲花一模一样，再观想一个大莲华盛开在佛的右边。然后观想观世音菩萨的身像端坐在佛左边的莲花座上，全身金光灿烂，同样，也观想大势至菩萨的身像端坐在佛右边的莲花座上。以上观想完成时，再观想佛以及菩萨的身像，全都光明四射，金色的光明，照在诸宝树上，棵棵宝树下，盛开着三朵莲花，每朵莲花上，各有一尊佛及二尊菩萨的身像，遍地如此。完成以上观想后，修行者应当闻见到流水潺潺，波光粼粼，宝树摇曳，各种凫雁鸳鸯一齐演说着佛法。无论是入定状态，还是恢复平常状态，都能听到妙法演布，法音不绝。修行者在出离禅定的时候，对于所闻法音也忆念奉持，使自己的意念永远和佛法契合，否则就流于妄想，如果能做到契合佛法，那就是粗见到极乐世界。以上是进行佛、菩萨像观想，叫做第八观。进行这种像观的人，能灭除无量亿劫的生死之罪，能于现世之身中，修得念佛三昧。”

佛对阿难和韦提希说：“第八观想完成后，下面就应当进一步观想无量寿佛的光明身相。阿难，你们应当知道，无量寿佛的佛身犹如千万亿夜摩天一般，佛身有六十万亿那由他恒河沙由旬高，两眉之间柔软细泽的白毛宛转右旋，犹如旋螺，鲜白光净，大小有五倍的须弥山那样高广。无量寿佛的眼量像须弥山四大海的水一样青白分明，身上的毛孔全都演放出光明，像须弥山一样，佛头顶上的圆轮光明，像百亿个三千大千世界一般。佛的圆光中，有恒河沙之多的百万亿那由他个化佛。每尊化佛旁，又有众多的化菩萨侍在左右。无量寿佛有八万四千种殊胜容貌，每一相中，又有八万四千种微妙隐密的形相，称为随形好。每个微妙形相，又放出八万四千道光明，每一光明，都照遍十方世界，摄受护念那些念佛众生而不舍。佛与众多化佛的光明利益、殊胜容貌、微妙形相，不可一一具说，只能忆念观想，使心眼透亮照见佛的光明相好，并能照见十方世界的一切诸佛，从而证得念佛三昧。进行这样的观想，就叫观一切佛身。因为观见佛身，所以也观见佛心。佛心乃是大慈大悲之心，以绝对真实的慈悲心愿摄受护念众生。进行这样的观想者，舍身他世时，能在诸佛前证得诸法无生无灭之理，并达到安心不动。

“所以，智者应当专心系念，仔细观想无量寿佛。观想时，从无量寿佛的一种胜妙形貌开始，先观无量寿佛的眉间白毫，一旦观见无量寿佛双眉间的白毫，就可以进入心眼明亮的境界，从而自然而然地照见佛的八万四千种殊胜容貌及微妙形相。因此，观见无量寿佛，就是观见十方世界无量诸佛。因为观见无数诸佛，所以，诸佛将显现于面前，为修行此观者授记。以上就是进行遍观一切色身相，称为第九观，从事这样的观想，就是正观，否则就是邪观。”

原典

佛告阿难及韦提希："见无量寿佛了了分明已，次亦应观观世音菩萨。此菩萨身长八十万亿那由他由旬，身紫金色，顶有肉髻[①]，项有圆光，面各百千由旬。其圆光中，有五百化佛如释迦牟尼，一一化佛有五百化菩萨，无量诸天以为侍者。举身光中，五道众生，一切色相，皆于中现。顶上有毗楞伽摩尼宝，以为天冠，其天冠[②]中，有一立化佛，高二十五由旬。观世音菩萨面如阎浮檀金色，眉间毫相备七宝色，流出八万四千种光明，一一光明有无量无数百千化佛，一一化佛有无数化菩萨以为侍者，变现自在，满十方世界。臂如红莲华色，有八十亿微妙光明，以为璎珞，其璎珞中普现一切诸庄严事。手掌作五百亿杂莲华色，手十指端，一一指端有八万四千画，犹如印文，一一画有八万四千色，一一色有八万四千光。其光柔软，普照一切。以此宝手，接引众生。举足时，足下有千辐轮相，自然化成五百亿光明台；下足时，有金刚摩尼华，布散一切，莫不弥满。其余身相，众好具足，如佛无异，唯顶上肉髻及无见顶相，不及世尊。是为观观世音菩萨真实色身相，名第十观。"

佛告阿难："若欲观观世音菩萨者，当作是观。作是观者，不遇诸祸，净除业障，除无数劫生死之罪。如此菩萨，但闻其名，获无量福，何况谛观？若有欲观观世音菩萨者，先观顶上肉髻，次观天冠，其余众相，亦次第观之，悉令明了，如观掌中。作是观者，名为正观，若他观者，名为邪观。

"次观大势至菩萨。此菩萨身量大小，亦如观世音。圆光面各百二十五由旬，照二百五十由旬。举身光明，照十方国，作紫金色，有缘众生，皆悉得见。但见此菩萨一毛孔光，即见十方无量诸佛净妙光明，是故号此菩萨名无边光。以智慧光普照一切，令离三涂，得无上力，是故号此菩萨名大势至。此菩萨天冠，有五百宝华，一一宝华，有五百宝台，一一台中，十方诸佛、净妙国土广长之相，皆于中现。顶上肉髻，如钵头摩华[3]，于肉髻上，有一宝瓶，盛诸光明，普现佛事。余诸身相，如观世音等无有异。此菩萨行时，十方世界一切震动，当地动处，有五百亿宝华。一一宝华，庄严高显，如极乐世界。此菩萨坐时，七宝国土，一时动摇，从下方金光佛刹，乃至上方光明王佛刹，于其中间，无量尘数，分身无量寿佛，分身观世音、大势至。皆悉云集极乐国土，堋塞空中，坐莲华座，演说妙法，度苦众生。作此观者，名为观见大势至菩萨，是为观大势至色身相。观此菩萨者，名第十一观。除无数劫阿僧祇[4]生死之罪，作是观者，不处胞胎，常游诸佛净妙国土。此观成已，名为具足观观世音、大势至。”

注释

①**肉髻**：即肉髻相，是三十二相之一。如来及菩萨的头顶上，骨肉隆起，其形如髻，所以称肉髻，是尊贵之相。佛陀顶上肉髻，高广平好。大人顶上有肉髻团圆相，称为发螺右旋，此系大人之相。世尊顶上的肉髻，高显而广阔，犹如天盖。本经中所述的观世音、大势至菩萨的肉髻，是佛及菩萨所共有的，只是诸佛之相极殊胜，菩萨之相稍有逊色。正如本经中所述，观世音菩萨的色身相中，只有顶上肉髻及无见顶相不及世尊。

②**天冠**：又叫宝冠，是诸天头上所戴的冠，或类似诸天之冠的微妙之冠。因为它精微殊妙，非人中所有，所以称天冠。

③**钵头摩华**：即红莲花，原产于东印度、波斯等国。千手观音四十手中，其左面之一手持此花，称红莲花手。

④**阿僧祇**：为印度数目之一，无量数或极大数的意思。据称一阿僧祇有一千万万万万万万万万兆（万万为亿，万亿为兆），于印度六十种数目单位中，阿僧祇为第五十二数。

译文

佛对阿难和韦提希说："清楚明了地观想完无量寿佛之后，就应当观想观世音菩萨。观想观世音菩萨，身高八十万亿兆由旬，全身呈现紫金色，头顶上有肉髻相，颈项上有圆轮光明，而每一个方面，都有百千由旬那么大。其圆光中，有五百化佛如释迦牟尼佛，每尊化佛，又化现五百尊菩萨及无数诸天，侍护在身旁。五恶趣中一切众生的色身相貌，也都显现在观世音菩萨的身光中。观世音菩萨头顶上有毗楞伽摩尼宝珠，作为精微殊妙的天冠，天冠当中有一个身高二十五由旬的站立着的化佛。观世音菩萨脸色如阎浮檀金，两眉间的毫相具备七宝光色，流放出八万四千种光明，每一光明都有无量无数百千尊化佛，每尊化佛周围又有无数尊化菩萨侍立左右，变现自如，遍满十方世界。观世音的臂膀像那红莲花一般的颜色，放出八十亿微妙的光明，组成璎珞饰物，普遍显现一切庄严佛事。观世音的手掌中呈现五百亿个各种各样的莲花光色，手的十个指头的顶端，每个都呈现八万四千种像印文一样的图画，每个图画有八万四千种颜色，每种颜色放出八万四千光明。其光明洁柔和，遍照一切。观世音菩萨用这双宝手，来接引众生往生极乐净土，他抬脚时，脚下有千辐轮相，自然而然地化现成五百亿个光明台；他落脚时，有金刚摩尼宝花，四处飘散，遍布一切。观世音其他方面的殊胜容貌，与佛陀一样，具足一切精妙形相，只是观世音菩萨头顶上的肉髻以及无见顶相稍逊于佛陀。这就是观想观世音菩萨的真实色身相，称作第十观。”

佛对阿难说：“如果要观见观世音菩萨，就要进行这样的观想。而进行这样的观想，能够避除灾祸，清除业障，灭除无数劫生死之罪。只要听到观世音菩萨这个名号，就可以获得无量福德，更何况真实无妄地观想呢？如果有人要观想观世音菩萨，就先观想观世音头顶上的肉髻，再观想他的天冠，再循序渐进地观想他的其他身相，悉令清楚明了，就像见自己手掌般清楚明了。进行这样的观想，就是正观，否则就是邪观。”

“第十观之后，接着再观想大势至菩萨，大势至的身量大小跟观世音差不多。他顶上的圆光每一方面有二十五由旬宽广，能照射二百五十由旬长。大势至菩萨的全身紫金色的光明，照遍十方国土，众生如果有缘，都能观见。只要观见大势至菩萨一个毛孔发出的光明，就可观见十方世界无数诸佛的无限清净绝妙的光明，所以也称大势至为无边光菩萨。因其智慧光明普照一切世界，能使众生脱离三恶道之苦，获得无上法力，所以就称此菩萨为大势至。大势至菩萨头上的天冠，有五百个宝花，每个宝花，有五百个宝台，每个宝台都显现十方世界诸佛及清净美妙的佛土的宽阔形相。大势至菩萨头顶上的肉髻，就像红莲花一般，肉髻上面有一个宝瓶，装盛着无限光明，显现一切佛事。其他方面的殊胜形貌，与观世音菩萨差不多。大势至菩萨行走时，十方世界全都被震动，大地被震动的地方，盛开五百亿个宝花。每个宝花，高高地显现庄严美妙的形相，就像极乐世界一般。大势至菩萨坐下时，七宝和合成的国土也为之一摇，从下方世界金光佛土，乃至上方世界光明王佛土的无数微尘，都于七宝国土上分身为无量寿佛以及观世音、大势至菩萨。他们全都云集在极乐净土，充满在虚空中，端坐在莲花座上，为度脱众生而演说着佛法。进行这样的观想，就是观想大势至菩萨，也就是观大势至菩萨的色身相。作这样的观想称为第十一观。进行这样的观想能灭除无数劫生死之罪，能不处于胞胎中，常游于清净美妙的诸佛国土。这一观想完成后，称作全部观想观世音大势至菩萨。”

原典

“见此事时，当起自心生于西方极乐世界，于莲华中结跏趺坐[①]，作莲华合想、作莲华开想。莲华开时，有五百色光来照身想，眼目开想，见佛菩萨满虚空中，水鸟树林及与诸佛所出音声，皆演妙法，与十二部经合，出定之时，忆持不失。见此事已，名见无量寿佛极乐世界，是为普观想，名第十二观。无量寿佛化身无数，与观世音、大势至，常来至此行人之所。"

佛告阿难及韦提希："若欲至心生西方者，先当观于一丈六像，在池水上。如先所说无量寿佛身量无边，非是凡夫心力所及，然彼如来宿愿[②]力故，有忆想者，必得成就。但想佛像，得无量福，况复观佛具足身相？阿弥陀佛，神通如意，于十方国，变现自在。或现大身满虚空中，或现小身丈六八尺，所现之形，皆真金色。圆光、化佛及宝莲华，如上所说。观世音菩萨及大势至，于一切处，身同众生，但观首相，知是观世音、知是大势至。此二菩萨，助阿弥陀佛普化一切。是为杂想观，名第十三观。"

注释

①结跏趺坐：坐法之一，即互交二足，结跏安坐。诸坐法中，结跏趺坐最安稳而不易疲倦。另外，称交一足为半跏趺坐、半跏坐、半跏、贤坐；称交二足为全跏

坐、本跏坐、全跏、大坐、莲花坐。此为圆满安坐之相，诸佛皆依此法而坐，故又称如来坐、佛坐。其坐法就是双膝弯曲，形成两足掌向上的坐势，具体又可分为降魔、吉祥两种形式。先以右足压左股，后以左足压右股，二足掌仰于二股之上，手亦左手居上，称为降魔坐，净土、禅宗、天台等显教诸宗多传此坐。先以左足压右股，后以右足压左股，手亦右手压左手，称为吉祥坐。

②**宿愿**：指于宿世（过去世、前世）、往昔所发的誓愿；广义而言，一般指世间、出世间的愿望。又称心愿、素愿。本经中所载的如来宿愿力，即指阿弥陀如来于过去因位所发起的大愿力，依此宿愿力用以成就众生。

译文

佛说道：“第十一观之后，应当观想自心生于西方极乐世界，在莲花中结跏趺坐，观想莲花的一开一合。莲花开时，有五百种光明照射身上，继而观想眼目睁开时，看到无数佛及菩萨充满虚空中，诸佛的声音以及遍地水鸟树林流出的声响，一齐演说着佛门妙法，完全与十二部经的佛理契合，即便在出离禅定之时，也能继续忆念奉持。进行完以上的观想，就是观见到了无量寿佛的极乐世界，这叫普观想，也称为第十二观。无量寿佛化着无数尊佛身，与观世音、大势至菩萨一起，经常出现在这样的修行境界。”

佛对阿难和韦提希说：“如果有人发至诚心愿要往生西方极乐世界，应当先观想无量寿佛（即阿弥陀佛）在池水上的一丈六尺的身像。前面所说的无量寿佛的身量无边，并不是凡夫的心愿力所能观见的，然而凭着佛的宿世的大愿力，坚持忆念观想的人，还是能够实现愿望的。只要观想到佛像，就可以获得无量的福德，更何况观想佛的全部身相呢？那阿弥陀佛在十方佛国里，神通广大，变现自如。或者于满虚空中显现大身，或变现一丈六尺的小身，所变现的身形，都呈真金色。至于佛顶上的圆轮光明、无数化佛以及宝莲花，都与前面所说的差不多。另外，观世音菩萨和大势至菩萨，在任何地方身形和众生差不多，只是看他们的头相才看得出谁是观世音、谁是大势至。这两位菩萨一直协助阿弥陀佛化示一切，普度众生。以上就是进行杂想观，叫做第十三观。”

原典

佛告阿难及韦提希：“上品上生者，若有众生愿生彼国者，发三种心，即便往生。何等为三？一者至诚心①，二者深心，三者回向发愿心，具三心者，必生彼国。复有三种众生，当得往生，何等为三？一者慈心不杀，具诸戒行；二者读诵大乘方等[②]经典；三者修行六念[③]，回向发愿，愿生彼国。具此功德，一日乃至七日，即得往生。

“生彼国时，此人精进勇猛故，阿弥陀如来与观世音、大势至、无数化佛、百千比丘、声闻大众、无量诸天，七宝宫殿。观世音菩萨执金刚台，与大势至菩萨至行者前。阿弥陀佛放大光明，照行者身，与诸菩萨授手[④]迎接。观世音、大势至与无数菩萨，赞叹行者，劝进其心。行者见已，欢喜踊跃，自见其身乘金刚台，随从佛后，如弹指顷，往生彼国。

“生彼国已，见佛色身众相具足，见诸菩萨色相具足。光明宝林，演说妙法，闻已即悟无生法忍。经须臾间，历事诸佛遍十方界，于诸佛前次第受记，还至本国，得无量百千陀罗尼[⑤]门，是名上品上生者。

“上品中生者，不必受持、读诵方等经典，善解义趣，于第一义[⑥]，心不惊动，深信因果，不谤大乘，以此功德，回向愿求生极乐国。行此行者，命欲终时，阿弥陀佛与观世音、大势至、无量大众、眷属围绕，持紫金台，至行者前赞言：法子[⑦]，汝行大乘，解第一义，是故我今来迎接汝。与千化佛，一时授手。行者自见坐紫金台，合掌叉手，赞叹诸佛。于一念顷，即生彼国七宝池中。此紫金台如大宝华，经宿则开。行者身作紫磨金⑧色，足下亦有七宝莲华，佛及菩萨，俱时放光，照行者身，目即开明。因前宿习⑨普闻众声，纯说甚深第一义谛。即下金台，礼佛合掌，赞叹世尊。经于七日，应时即于阿耨多罗三藐三菩提，得不退转，应时即能飞行遍至十方，历事诸佛，于诸佛所，修诸三昧。经一小劫，得无生忍。现前受记，是名上品中生者。

"上品下生者，亦信因果，不谤大乘，但发无上道心，以此功德，回向愿求生极乐国。行者命欲终时，阿弥陀佛及观世音、大势至，与诸菩萨，持金莲花，化作五百佛，来迎此人。五百化佛一时授手，赞言：法子，汝今清净，发无上道心，我来迎汝。见此事时，即自见身坐金莲华，坐已华合，随世尊后，即得往生七宝池中。一日一夜，莲华乃开，七日之中，乃得见佛。虽见佛身，于众相好，心不明了。于三七日后，乃了了见，闻众音声，皆演妙法。游历十方，供养诸佛，于诸佛前，闻甚深法。经三小劫，得百法明门⑩，住欢喜地⑪，是名上品下生者，是名上辈生想，名第十四观。"

注释

①**至诚心**：即至心、至极之心，是专心、一心的意

思。善导的《往生礼赞》中说："但使专意作者，十即十生；修杂不至心者，千中无一。"《占察善恶业报经》卷上分至心为二：(一) 初始学习求愿至心。(二) 摄意专精，成就勇猛相应至心。此第二至心又分为一心、勇猛心、深心等三种。另外，在净土宗中，至心又是"三信"之一。阿弥陀佛第十八愿中所誓愿的至心、信乐、欲生等三心称为三信，在净土宗看来，从心底诚心信仰阿弥陀佛即称至心。

②方等：指大乘经典，即广说广大甚深之义者。在大乘佛教中，主要作为指大乘经典的用语，后世小乘三藏（佛教圣典）中并未说及方等，所以方等不仅意味其量之广大，主要乃指在内容上说广大平等之理趣。大乘经典的名称冠以大方等、大方广等语，是为与九部经、十二部经之一的方等加以区别。以方等意谓大乘经典，所以大乘经典也称大乘方等经典。

③六念：即六随念、六念处、六念法。六念是：(一) 念佛，念佛大慈大悲的无量功德。(二) 念法，念如来所说三藏十二部经能利益大地众生。(三) 念僧，念僧具足戒、定、慧，能为世间众生作良福田。(四) 念戒，念戒行有大势力，能除众生之诸恶烦恼。(五) 念施，念布施有大功德，能除众生之悭贪。(六) 念天，念三界诸天果报。

④**授手**：即佛伸手引导众生入净土的意思。

⑤**陀罗尼**：意译总持、能持、能遮。意思是能总摄忆持无量佛法而不忘失的念慧力。换言之，陀罗尼为一种记忆术，即于一法之中，持一切法；于一文之中，持一切文；于一义中，持一切义；所以由记忆此一法一文一义，而能联想一切之法，总持无量佛法而不散失。陀罗尼能持各种善法，能遮除各种恶法。因为菩萨以利他为主，为教化他人，所以必须得陀罗尼，得此则能不忘失无量之佛法，而在众中无所畏，同时亦能自由自在地说教。

⑥**第一义**：即第一义谛的略称。是二谛之一，即最殊胜的第一真理，与“世俗谛”对称。又称胜义谛、真谛、圣谛、涅槃、真如、实相、中道、法界。总括其名，即指深妙无上的真理，为诸法中的第一，所以称第一义。

⑦**法子**：指出家而归入佛之正法的人，或指随顺佛道，而由法抚育的人。在佛教看来，佛所说法，本最极胜妙，为诸法本母，如果人安住此正信，即得坚固增长，不坏净信。窥基的《阿弥陀经疏》中认为，佛为法王，故称尊其法、入其法的佛子为法子。

⑧**紫磨金**：指带有紫色的黄金，为黄金中的最上品。紫是紫色，磨是无垢浊的意思。紫磨黄金莲台称为紫金台。

⑨**宿习：**宿世所具有的习惯。

⑩**百法明门：**意思是明了通达百法的智慧之门。指菩萨于初欢喜地所得的智慧法门。百法，概称数目之多；明，即通达；门，即法门。诸家对百法明门之“百法”有各种说法，净土宗也有自家的看法。法聪的《释观无量寿佛经记》及四明知礼的《观无量寿经疏·妙宗钞》卷六等载，百法，即法相宗所说的五位百法。《释观无量寿佛经记》又载，十种心数法的受、想、思、触、欲、慧、念、解脱、忆、定等，于一数生起时，其余九数相扶而起，遂成百法。

⑪**欢喜地：**是十地的初地，即菩萨修行五十二阶位中的第四十一位。又叫极喜地、初欢喜地，略称初地。菩萨历十信、十住、十行、十回向等修行阶位，经一大阿僧祇劫的修行，初证真如平等圣性，具证二空之理，能成就自利利他之行，心多生欢喜，所以称欢喜地。菩萨得初地，多有七相，这七相是能堪忍受、不好诤讼、心多喜、心悦、乐于清净、悲心悯众生、无嗔恚心等。佛教认为，初地菩萨与初地以前的凡夫，所得的欢喜是不一样的。例如初地菩萨念诸佛有无量功德，并确知当来必能成就佛果，所以其心多欢喜，凡夫虽勤念诸佛，然而不能作“我必当作佛”之念，所以凡夫的欢喜异于初地菩萨。

译文

佛继续对阿难和韦提希说："第十三观之后，应当观想上品众生往生净土的情形。如果有人誓愿要往生极乐世界，只要发三种心愿，就可以往生极乐净土。三种心是什么呢？一是至诚心，二是深心，三是回向发愿心，具有这三种心愿，就一定能往生极乐净土。另外，有三种众生也能够往生极乐世界，他们是哪三种呢？一是慈悲为怀，不施杀戮，奉行戒律者；二是潜心读诵大乘经典者；三是修行念佛念法念僧等六念，将修行的善根功德，回向于西方净土，而发往生净土之愿心者。如果有人具备这三种功德，那么他就能在一天至七天间得以往生西方极乐世界。

"往生西方极乐世界时，因为此人在修行功德善根时精进勇猛，所以阿弥陀佛、观世音大势至两位菩萨、无数尊化佛、千百个比丘、声闻大众以及无数诸天等，带着七宝宫殿前来接引。观世音菩萨手执金刚台，与大势至菩萨一起来到修行者的面前。阿弥陀佛放出无限光明照射在修行者身上，与诸菩萨一起伸手引导修行者。观世音、大势至与众多的菩萨对修行者称赞不绝，勉励他用心努力精进。修行者一见这般情形，欢喜踊跃，只感到自己的身子乘座在金刚台上，跟从在阿弥陀佛身后，顷刻间往生到西方极乐净土。

“往生极乐世界后，看到佛全部的殊胜形貌，也看到诸菩萨的全部形相。极乐世界，光明无限，七宝树林在微风吹动下演说佛法，修行者听到后，就体悟诸法无生无灭之理，做到安住且不动心。再过一会儿，就能历事供养十方一切诸佛，诸佛依次为他授记后，修行者就回还到本国，获得总摄忆持无量佛法而不忘失的念慧力。以上就是观想的上品上生者往生净土的情形。

“上品中生的人，不一定信受奉持、读诵大乘经典，但能善解佛理义趣，深解佛法真谛，心念安住不乱，深信因果律，不诽谤大乘佛道，以这样的功德善根，回向于西方净土，而发往生极乐世界的心愿。这样的修行者，在临终的时候，阿弥陀佛与观世音大势至两位菩萨，以及无数亲近随从者，持着紫金台，来到修行者面前，对他称赞道：你这样的正法佛子，能修行大乘佛道，善解佛法真谛，所以我等今天前来接引你往生极乐世界。说着，阿弥陀佛与千百个化佛一起伸手接引。修行者只见自己坐在紫金台上，双手合掌，手指交叉，称颂诸佛恩德。顷刻间，就往生到极乐世界的七宝池中。紫金台如大宝莲花一般，隔宿则开。修行者身上充满紫金色，脚下盛开着七宝莲花，阿弥陀佛以及两位菩萨同时放出光明，照射在修行者身上，令他心眼开明。修行者因前生前世所有的习惯，听到所有的声音都在演说佛法深奥的真谛。于是，修行者对佛合掌礼敬，称颂世尊的恩德。经过七天，修行者获得最高佛智，处于永不退失的修行境界，并且能飞行游历于十方世界，供养诸佛，修行正定。经过一小劫，证得诸法无生无灭之理，做到安住而不动心。于是，佛显现于前面，为修行者授记。以上就是观想上品中生者往生净土的情形。

“上品下生的人，也深信因果律，不诽谤大乘佛道，并生发成就最高佛道的心愿，以这样的功德善根，回向于西方净土，祈望往生极乐世界。这样的修行者，在临终的时候，阿弥陀佛及观世音、大势至与诸菩萨手持金莲花，化成五百个化佛，前来迎接此人。五百个化佛同时伸手接引，并称赞修行者说：佛子，你如今身心清净，生发要成就最高佛道的心愿，我等今天特前来迎接你往生净土。这时，修行者只见自己身坐在金莲花中，金莲花随即闭合，跟从在佛陀身后，往生于极乐世界的七宝池中。一天一夜之后，莲花才重新开放，七天过后，才能够看到阿弥陀佛。虽说是看到佛身，但对于其他殊胜容貌，修行者仍觉得心眼没有明了。二十一天过后，终于心眼开通，了了分明，听到各种声音，都在演说佛法。于是能游历十方世界，供养诸佛，并在诸佛面前，听从更为深妙的佛法。经过三小劫之后，获得通达百法的智慧法门，住于初欢喜地的修行阶位，这就是上品下生者往生净土的情形。观想以上三种情形叫做上辈生想，也称第十四观。”

原典

佛告阿难及韦提希：“中品上生者，若有众生，受持五戒，持八戒斋，修行诸戒，不造五逆①，无众过患，以此善根，回向愿求生于西方极乐世界。临命终时，阿弥陀佛与诸比丘、眷属围绕，放金色光，至其人所，演说苦、空、无常、无我，赞叹出家得离众苦。行者见已，心大欢喜，自见己身坐莲华台，长跪合掌为佛作礼。未举头顷，即得往生极乐世界。莲华寻开，当华敷时，闻众音声赞叹四谛②，应时即得阿罗汉道，三明六通③，具八解脱，是名中品上生者。

“中品中生者，若有众生，若一日一夜持八戒斋，若一日一夜持沙弥戒④，若一日一夜持具足戒，威仪无缺，以此功德，回向愿求生极乐国。戒香熏修，如此行者，命欲终时，见阿弥陀佛与诸眷属，放金色光，持七宝莲华，至行者前。行者自闻空中有声，赞言：善男子，如汝善人，随顺三世诸佛教故，我来迎汝。行者自见坐莲华上，莲华即合，生于西方极乐世界。在宝池中，经于七日，莲华乃敷。华既敷已，开目合掌，赞叹世尊，闻法欢喜，得须陀洹。经半劫已，成阿罗汉，是名中品中生者。

“中品下生者，若有善男子、善女人，孝养父母，行世仁慈，此人命欲终时，遇善知识⑤，为其广说阿弥陀佛国土乐事，亦说法藏比丘二十四愿，闻此事已，寻即命终，譬如壮士屈伸臂顷，即生西方极乐世界。经七日已，遇观世音及大势至，闻法欢喜，得须陀洹。过一小劫，成阿罗汉，是名中品下生者。是名中辈生想，名第十五观。”

注释

①**五逆：**又叫五逆罪，即五重罪。指罪大恶极，极逆于理者。有大乘五逆、小乘五逆之分。大乘五逆（复五逆）是指：（一）破坏塔寺，烧毁经像，夺取三宝之物。或教唆他人行此等事，而心生欢喜。（二）诽谤声闻、缘觉以及大乘法。（三）妨碍出家人修行，或杀害出家人。（四）犯小乘五逆罪之一。（五）主张所有皆无业报，而行十不善业，或不畏后世果报，而教唆他人行十恶等。小乘五逆（单五逆）指：害母、害父、害阿罗汉、

恶心出佛身血、破僧，又作破和合僧等五者。

②**四谛**：也叫四真谛、四圣谛。即苦、集、灭、道四谛。释尊于鹿野苑初转法轮时说四谛真理，阐明迷、悟两界之因果，成为佛教的根本教义。

③**六通**：指六神通，是佛菩萨依定慧力所显示的六种无碍自在的妙用。这六通就是：神足通、天耳通、他心通、宿命通、天眼通、漏尽智证通。

④**沙弥戒**：沙弥受持的十戒：不杀戒、不盗戒、不淫戒、不妄语戒、不饮酒戒、离高广大床戒、离花鬘等戒、离歌舞等戒、离金宝物戒、离非时食戒。如果进一步受具足戒，则称大僧。

⑤**善知识**：指正真而有德行，能教导正道的人。反之，教导邪道的人，称为恶知识。据《大品般若经》卷二十七《常啼品》载，能说空、无相、无作、无生、无灭之法及一切种智，而使人欢喜信乐者，称为善知识。《华严经·入法界品》记述善财童子于求道过程中，共参访五十五位善知识（一般作五十三位善知识），即上至佛、菩萨、下至人、天，不论以何种姿态出现，凡能引导众生舍恶修善、入于佛道者，均可称为善知识。《瑜伽师地论》举出善知识具有调伏、寂静、惑除、德增、有勇、经富、觉真、善说、悲深、离退等十种功德。

译文

佛告诉阿难和韦提希说："第十四观之后，应当观想中品上生众生，往生净土的情形。如果有人能信受奉持五戒、八戒等佛门诸戒律，没有犯五逆重罪，没有制造众多的过失与祸患，以这样的功德善根，回向于西方净土，祈求往生极乐世界。那么，这样的人在临终之际，阿弥陀佛身放光明，与比丘等众多随从者一起，来到此人的面前，演说着苦、空、无常、无我等佛法，称赞修行者出家修行、脱离诸苦的行为。修行者见状，心中无比愉悦，只见自己身坐在莲花台上，合掌长跪，对佛顶礼示敬。顷刻间，就得以往生到西方极乐世界。旋即，莲花盛开了，当莲花盛开得更大时，修行者只看得各种声音一起在赞颂苦、集、灭、道等佛法四真谛，随即证得阿罗汉道果，处于获得三明六通、具足八解脱的修行境界。这就是中品上生者往生净土的情形。

"中品中生的人，如果有众生能一日一夜坚持不断、循序渐进地奉持八戒斋、沙弥戒、具足戒，威仪严整，毫不松懈，以这样的功德善根，回向于西方净土，祈求往生极乐世界。因持戒清净，以此戒香氛围熏陶的修持，那么，这样的人在临终之际，会看到阿弥陀佛身放光明，与众多亲近随从者一起，手执着七宝莲花，来到修行者面前。此时，修行者只听得有声音自空中传来，对修行者称赞道：善男子，因你修行善德，随顺听从三世诸佛的殷切教诲，所以我等今天特前来迎接你往生极乐世界。修行者听罢，只见自己坐在莲花台上，莲花随即闭合，修行者得以往生到西方极乐世界。在极乐世界的七宝池中，经过七天之后，莲花才盛开。花开完毕，修行者睁开眼睛，合掌示敬，称颂佛陀恩德，进一步闻听佛法后，心中无比愉悦，证得须陀洹道果。经过半劫以后，最终成就阿罗汉果。这就是中品中生者往生净土的情形。

“对于中品下生者而言，如果哪位善男子善女人，能够孝养父母并且仁义为怀、慈悲助世，那么这样的人，在临终之际，会遇上正直而有德行的人为他广为宣说阿弥陀佛极乐净土的美妙情形，并且宣说有关法藏比丘的二十四愿。那善男子或者善女人听完以后，就在像世上壮士伸臂舒身一般的一瞬间，马上离开人世，随即往生到西方极乐世界。七天过后，遇见观世音、大势至两位菩萨，在听闻他们宣说的佛法后，心中无比愉悦，证得须陀洹道果。再过一小劫，成就阿罗汉果，这就是中品下生者往生净土的情形。观想以上三种往生净土的情形叫做中辈生想，也称第十五观。”

原典

佛告阿难及韦提希："下品上生者，或有众生，作众恶业，虽不诽谤方等经典，如此愚人，多造恶法，无有惭愧。命欲终时，遇善知识，为说大乘十二部经首题名字，以闻如是诸经名故，除却千劫极重恶业。智者复教合掌叉手，称南无阿弥陀佛。称佛名故，除五十亿劫生死之罪。尔时，彼佛即遣化佛、化观世音、化大势至至行者前，赞言：善男子，以汝称佛名故，诸罪消灭，我来迎汝。作是语已，行者即见化佛光明，遍满其室，见已欢喜，即便命终，乘宝莲华，随化佛后，生宝池中。经七七日，莲华乃敷。当华敷时，大悲观世音菩萨及大势至菩萨，放大光明，住其人前，为说甚深十二部经。闻已信解①，发无上道心。经十小劫，具百法明门，得入初地，是名下品上生者。"

佛告阿难及韦提希："下品中生者，或有众生，毁犯五戒、八戒及具足戒，如此愚人，偷僧祇物，盗现前僧物，不净说法，无有惭愧，以诸恶业而自庄严。如此罪人，以恶业故，应堕地狱。命欲终时，地狱众火，一时俱至。遇善知识，以大慈悲，即为赞说阿弥陀佛十力②威德，广赞彼佛光明神力，亦赞戒、定、慧、解脱、解脱知见[3]。此人闻已，除八十亿劫生死之罪，地狱猛火，化为清凉风。吹诸天华，华上皆有化佛菩萨，迎接此人。于一念顷，即得往生七宝池中莲华之内。经于六劫，莲华乃敷，观世音、大势至，以梵音声[4]，安慰彼人，为说大乘甚深经典。闻此法已，应时即发无上道心。是名下品中生者。"

佛告阿难及韦提希："下品下生者，或有众生，作不善业，五逆十恶[5]，具诸不善，如此愚人，以恶业故，应堕恶道，经历多劫，受苦无穷。如此愚人，临命终时，遇善知识，种种安慰，为说妙法，教令念佛。彼人苦逼，不遑念佛，善友告言：汝若不能念彼佛者，应称无量寿佛，如是至心，令声不绝，具足十念，称南无阿弥陀佛，称佛名故，于念念中，除八十亿劫生死之罪。命终之时，见金莲华，犹如日轮，住其人前，于一念顷，即得往生极乐世界。于莲华中，满十二大劫，莲华方开，观世音、大势至，以大悲音声，为其广说诸法实相，除灭罪法。闻已欢喜，应时即发菩提之心，是名下品下生者。是名下辈生想，名第十六观。"

注释

①**信解：**是起信生解、依信而得胜解的意思。

②**十力**：即十种智力，即佛十八不共法中的十种。是说如来证得实相之智，了达一切，无能坏，无能胜，故称为力。这十力是：（一）处非处智力，又叫知是处非处智力、是处不是力、是处非处力。（二）业异熟智力，又叫知业报智力、知三世业智力、业报集智力、业力。（三）静虑解脱等持等智力，又叫静虑解脱等持等至发起杂染清净智力、知诸禅解脱三昧智力、禅定解脱三昧净垢分别智力、定力。（四）根上下智力，又叫知诸根胜劣智力、知众生上下根智力、根力。（五）种种胜解智力，又叫知种种解智力、知众生种种欲智力、欲力。（六）种种界智力，又称是性力、知性智力、性力。（七）遍趣行智力，又称知一切至处道智力、至处道力。（八）宿住随念智力，又称知宿命无漏智力、宿命智力、智力、宿命力。即如实了知过去世种种事之力。（九）死生智力，又称知天眼无碍智力、宿住生死智力、天眼力。（十）漏尽智力，又称知永断习气智力、结尽力、漏尽力。

③**知见**：指依自己的思虑分别而立的见解。与智慧有区别，智慧是般若的无分别智，是离思虑分别的心识。只有用作佛知见、智见波罗蜜时，则知见与智慧同义。

④**梵音声**：指佛菩萨的音声。《大智度论》卷四载，佛之梵音如大梵天王所出之声，有五种清净之音：（一）甚深如雷。（二）清彻远播，闻而悦乐。（三）入心敬爱。

（四）谛了易解。（五）听者无厌。

⑤**十恶**：又作十不善业道、十恶业道、十不善根本业道、十黑业道。是身口意三业中所行的十种不善行为，这十恶是：（一）杀生。（二）偷盗。（三）邪淫。（四）妄语。（五）两舌。（六）恶口，即恶语、恶骂。（七）绮语，即杂秽语、非应语、散语、无义语。（八）贪欲，即贪爱、贪取、悭贪。（九）嗔恚。（十）邪见，即愚痴。

译文

佛继续对阿难和韦提希说："第十五观之后，应当观想下品众生往生净土的情形。下品上生的人，作了许多恶业，虽然没有诽谤大乘经典，但愚痴无比，恶业重重，没有忏悔、惭愧之心。临终之际，会遇上正直而有德行的人，为他宣说大乘十二部经名，此人听说这些经典的名字后，灭除千劫的累累恶业。那善知识又教此人双手合掌，称念南无阿弥陀佛。因为如此称名念佛的缘故，此人得以灭除五十亿劫的生死之罪。这时，阿弥陀佛也派遣化佛以及化观音、化大势至菩萨来到此人面前，对他称赞道：善男子，因你能称名念佛，所以诸罪消灭，诸恶消除，我等特来迎接你往生极乐世界。说罢，此修行者随即看到化佛光明四射，满室生辉，心中无限欢喜，随即命终，乘着宝莲花，跟从在化佛之后，往生于极乐世界的七宝池中。经过七七四十九天，莲花才盛开。当莲花盛开时，大慈大悲的观世音菩萨以及大势至菩萨，放射出无限光明，来到此人面前，为他宣说十二部经典的深妙内容。修行者听罢，起信生解，生发成就最高佛道的心愿。经过十小劫之后，获得通达百法的智慧之门，证得初欢喜地的修行境界，这就是下品上生者往生净土的情形。”

佛对阿难和韦提希说：“对于下品中生者而言，比如有这样的人，他一贯违犯五戒、八戒和具足戒，并且这样的愚痴之人，偷无数十方常住物，又盗现前僧人的物品，以不清净心说法（指贪求名闻利养），毫无惭愧之心，以如此种种恶业严饰自己的身格。这样的罪人，因其恶业重重、罪行累累，所以他死后应当堕于地狱中。当他临终之时，地狱中的处处大火，一时间全向他扑来。这时，遇见正直而有德行的人，本着大慈大悲的情怀，为他宣说、颂扬阿弥陀佛的十神力以及威重恩德，广为宣赞阿弥陀佛的光明神通，以及戒、定、慧、解脱等佛门见解。此人听过之后，得以灭除八十亿劫生死之罪，那地狱的猛火，一时间化为阵阵清凉的风。凉风也吹来朵朵天花，天花上有化佛、化菩萨前来迎接此人。顷刻之间，此人得以往生于极乐世界的七宝池中的莲花里面。

经过六劫之后，莲花盛开，观世音、大势至两位菩萨以清净微妙的声音，前来安慰此人，为他宣说微妙的大乘经典的内容。此人听完两位菩萨宣说的佛法后，立即生发要成就最高佛道的心愿。这就是下品中生者往生净土的情形。”

佛继续对阿难和韦提希说：“至于下品下生者，比如有人作恶多端，犯下五逆十恶，这样的愚痴众生，因他恶业深重，所以死后应堕生恶道中，历经多劫、无穷尽地受苦痛折磨。这样的愚痴众生在临终之际，遇见正直而有德行人给予他种种安慰，并为他宣说佛法，教他忆念观想佛陀。但此人被苦痛折磨着，来不及念佛。有行善的友人对他说：如果你来不及念佛，就应当称念无量寿佛的名号，诚心诚意，念念不断，只要称念十声南无阿弥陀佛，就能于念念中灭除八十亿劫的生死之罪。临终之际，会看到金莲花像日轮一般来到此人面前，于一念顷，他即得以往生西方极乐世界的莲花中，于其花中经过十二大劫之后，莲花盛开，这时，观世音和大势至两位菩萨以大慈大悲的声音，为他广泛宣说佛教真谛，使他能够灭除罪过。此人闻听二菩萨说法后，心中无比愉悦，立即生发要成就无上觉悟的心愿，这就是下品下生者往生净土的情形。观想以上三种下品众生往生极乐世界的情形就叫下辈生想，也称第十六观。”

原典

说是语时，韦提希与五百侍女，闻佛所说，应时即见极乐世界广长之相，得见佛身及二菩萨，心生欢喜，叹未曾有，豁然大悟，获无生忍。五百侍女，发阿耨多罗三藐三菩提心，愿生彼国。世尊悉记，皆当往生，生彼国已，获得诸佛现前三昧，无量诸天，发无上道心。

尔时，阿难即从座起，白佛言："世尊，当何名此经此法之要？当云何受持？"佛告阿难："此经名《观极乐国土无量寿佛观世音菩萨大势至菩萨》，亦名《净除业障生诸佛前》。汝当受持，无令忘失，行此三昧者，现身得见无量寿佛及二大士。若善男子及善女人，但闻佛名、二菩萨名，除无量劫生死之罪，何况忆念？若念佛者，当知此人则是人中分陀利华，观世音菩萨、大势至菩萨，为其胜友，当坐道场，生诸佛家[①]。"佛告阿难："汝好持是语。持是语者，即是持无量寿佛名。"

佛说此语时，尊者目犍连、尊者阿难及韦提希等，闻佛所说，皆大欢喜。尔时，世尊足步虚空，还耆阇崛山。尔时，阿难广为大众说如上事，无量诸天、天龙、夜叉，闻佛所说，皆大欢喜，礼佛而退。

注释

①**佛家**：僧侣的自称。另外，举凡佛道修行之道场、佛所住的世界、初地以上的境地等，也称佛家。

译文

佛正阐说着以上话语的时候，韦提希和五百名侍女听后，顿然能观见极乐世界庄严宽广的美妙气象，并且能观见无量寿佛以及观世音、大势至两位菩萨，心中生起前所未有的无限喜悦，心智觉得豁然开朗，证得诸法不生不灭之理，获得安心不动的境界。五百名侍女也生发要成就最高佛道的心愿，祈望能够往生西方极乐净土。佛陀全都给她们授记，她们和韦提希夫人，皆得往生西方极乐世界，于其净土能够获得观见诸佛现于眼前的念佛三昧，无量诸天及五百侍女都能进一步生发要成就最高佛道的心愿。

这时，阿难尊者从座上站起，对佛说道："世尊，你觉得以什么名称，来概括此经的主要内容，又如何信受奉持这部经典呢？"佛陀对阿难说："此经就叫《观极乐国土无量寿佛观世音菩萨大势至菩萨经》，也叫《净除业障生诸佛前经》。你们应当信受奉持，不可忘失，按照此经修行到最高境界，使现身得以观见无量寿佛以及观世音、大势至两位菩萨。若有善男子或善女人，只要听到无量寿佛及观世音、大势至两位菩萨的名号，就可以灭除无数劫生死之罪，更何况忆念观想呢？如果有谁能坚持念佛，那么就可知道此人是人中分陀利花，观世音、大势至二菩萨是他的好友，应当能坐于菩提道场，生于诸佛之家。”佛陀又对阿难说：“你等好好奉持我所说的这番话。奉持这些，就是奉持无量寿佛的名号。”

佛说着这些话的时候，目犍连尊者、阿难尊者以及韦提希等人听后，心中充满无限愉悦。这时，世尊行于虚空中，回耆阇崛山而去。那时，阿难就广泛地给大家宣说以上的情形，天龙、夜叉等八部众以及无量诸天，听完佛所说的话后，也带着无限喜悦的心情，礼佛示敬而去。

3　阿弥陀经

原典

如是我闻[1]：

一时，佛在舍卫国[2]祇树给孤独园[3]，与大比丘僧，千二百五十人俱。皆是大阿罗汉，众所知识，长老[4]舍利弗[5]、摩诃目犍连[6]、摩诃迦叶[7]、摩诃迦旃延[8]、摩诃俱絺罗[9]、离婆多[10]、周利槃陀伽[11]、难陀[12]、阿难陀[13]、罗睺罗[14]、憍梵波提[15]、宾头卢颇罗堕[16]、迦留陀夷[17]、摩诃劫宾那[18]、薄拘罗[19]、阿㝹楼驮[20]，如是等诸大弟子，并诸菩萨摩诃萨、文殊师利法王子[21]、阿逸多菩萨[22]、乾陀诃提菩萨[23]、常精进菩萨[24]，与如是等诸大菩萨，及释提桓因等无量诸天大众[25]俱。

注释

①**如是我闻**：相传释迦牟尼佛涅槃后，其弟子结集经藏，由阿难诵经。大家问他："如尊者所闻，当如是说？"阿难回答："如是当说，如我所闻，故为信顺。"后来为表信实，不是阿难持诵的经文也冠以此句。

②**舍卫国**：梵文 Srāvasti，古印度国名，今在印度西北部拉普地河南岸。

③**祇树给孤独园**：梵文 Jetavana-anāthapiṇḍasyārāma，简称"祇园"，舍卫城的花园。是佛教最早的精舍之一，释迦牟尼佛在此居住说法二十五年。

④**长老**：道行高，出家年数长的僧人。

⑤**舍利弗**：智慧猛利，能解决诸疑，号称"智慧第一"。师遍习世间技艺，通晓四吠陀论，又能广解诸论，年十六已能摧伏其他议论。闻佛弟子说佛所说之因缘法，即能了解诸法无我之理。师素晓外典，故归佛后屡能摧伏外道。

⑥**摩诃目犍连**：神是轻举，能飞遍十方，故称"神通第一"。幼与舍利弗亲交，与之同时出家，随六师外道之一删阇耶修学。后受舍利弗引导归佛。其修行特色为得天眼、天耳、知他心及能知过去未来等神通。为救其

母出饿鬼道，乃从佛所教，修盂兰盆供。

⑦**摩诃迦叶：**行十二头陀，能堪苦行，故称“头陀第一”。因受佛教化，发正智，以僧伽梨供养佛，着佛所授与之粪扫衣。世尊示三乘解脱同一，分半座与迦叶。佛将无上正法付嘱于师，为佛灭后诸比丘之大依止。

⑧**摩诃迦旃延：**能分别深义，敷演道教，故称“论义第一”。师善演佛略说之法义，助益于弟子对佛法之理解。又热心布教，住阿般提国，教化无数。

⑨**摩诃俱绨罗：**号称“问答第一”。随佛陀出家后，得阿罗汉果，证得五蕴皆空之理，故称悟空。据《杂阿含经》卷十二载，拘绨罗在耆阇崛山时，舍利弗来问十二因缘之义，俱绨罗一一答之，舍利弗赞其智慧明达、善调无畏，如顶上之无价宝珠。

⑩**离婆多：**号称“无倒乱第一”，为舍利弗之弟。常坐禅入定，心无错乱。因其父母祈离婆多星而得，故取此名。曾遭雨而止宿神祠，至深夜见有二鬼争尸而食，乃思人身之虚幻。复诣佛所，闻人身由四大假和合之理，遂出家入道。

⑪**周利槃陀伽：**意译为小路、路边生。号称“义持第一”。师禀性鲁钝愚笨，凡学习之教法，诵过即忘，故时人称之为愚路。其后，佛陀教示简短之“拂尘除垢”一语，令其于拂拭诸比丘之鞋履时反覆念诵，遂渐除业

障，某日忽然开悟而证得阿罗汉果。

⑫**难陀：**释迦牟尼佛之异母弟，号称“仪容第一”。身长一丈五尺四寸，容貌端正，具三十相。佛陀于尼拘律园度其出家，然出家后犹难忘其妻，屡归妻处。后以佛陀之方便教诫，始断除爱欲，证阿罗汉果。

⑬**阿难陀：**简称“阿难”，能知时明物，所至无障碍，多闻忆持不忘，堪任奉上，故称“多闻第一”。为佛之从弟，出家后常随侍佛。世尊之姨母及五百释氏女得以出家，皆由阿难尽力请求之功。

⑭**罗睺罗：**不坏禁戒，能诵读不懈，故称“密行第一”。为释尊之子，年十五岁出家。因未受具足戒，不可与比丘同宿，出房宿于厕。曾与舍利弗行乞，于途中受迫害，以慈心而能忍。又能严守制戒，修道精进，依数息观而得证圣果。

⑮**憍梵波提：**意译牛迹、牛司、牛相等。曾受舍利弗之指导。因其于过去世，摘一茎之禾，有数颗谷粒堕地，遂于五百世中受生牛身，故尚遗有牛之习性，食后常如牛之虚哺咀嚼，故有“牛相比丘”之称。由于其态度钝重，因而表现恬淡无争之宽宏气度。释尊怜悯其常遭人毁谤，而堕于众苦，乃命住忉利天宫尸利沙园修习禅定。

⑯**宾头卢颇罗堕：**全称宾头卢跋罗堕阇。称住世阿

罗汉。号称“福田第一”。据《请宾头卢经》所载，师受佛之教勅，为末法之人作福田，故天竺优婆塞国王、长者等，于设会时常请之，以食物等供养。

⑰**迦留陀夷**：号称“教化第一”。据《增一阿含经》卷四十七、《四分律》卷十四载，迦留陀夷其身极黑，尝夜行乞食，时天黑暗，乞至他家，彼家妇人身正怀孕，于闪电中乍见之，谓鬼神来，乃惊怖堕胎，后闻迦留陀夷为佛弟子，妇人乃发声恶骂。如来知之，即制定过午不得乞食之戒。

⑱**摩诃劫宾那**：意译房宿、大分别时。因精通天文历数，能知星宿，为众僧中第一。是故号称“知星宿第一”。

⑲**薄拘罗**：意译作善容。幼时，继母五度杀害不果。出家之后，毕生无病苦，世寿一六〇，故号称“长寿第一”。

⑳**阿㝹楼驮**：又作阿那律。得天眼，能见十方世界，故称“天眼第一”。师曾于听法中酣睡，佛陀叱责之。阿那律遂立誓不眠，因而失明。其肉眼虽败坏，然以精进修行，遂获天眼。

㉑**文殊师利法王子**：即文殊师利，他是菩萨中的“智慧第一”，法为法王，法王有三子，菩萨为真子，二乘为庶子，凡夫为外子。文殊居菩萨之首，故曰“法

王子”。

㉒**阿逸多菩萨：**即弥勒菩萨，从佛受记（预言）将继承释迦佛位为未来佛。

㉓**乾陀诃提菩萨：**意译香象菩萨，又作不可息菩萨。乃贤劫十六尊之一。列位于密教金刚界曼荼罗之外院方坛，南方四尊中之第一位菩萨。其形像，身呈白肉色，坐莲花上，右拳在心前，手上持莲，莲上有香器，左拳置于腰上。密号大力金刚，或护戒金刚。

㉔**常精进菩萨：**此菩萨自利利他，不知疲倦。在《大宝积经》中云：“菩萨观众生沉于苦海，随逐影护，其间一念不舍，不惜身命，勇猛精进，是名常精进菩萨。”

㉕**无量诸天大众：**“天”是佛教五趣、天道、十界之一，指诸趣中最胜、最乐、最善、最妙、最高的地方，包括欲界六天、色界十七天、无色界四天，在这里生存的有十方天人、八部修罗等。

译文

我亲自听佛这样说：

那时，释迦牟尼佛在舍卫国的祇树给孤独园。释尊与出家的大比丘僧共一千二百五十人在一起。这些大比丘僧都是众所周知的大阿罗汉。出家年久而德高望重的有舍利弗、摩诃目犍连、摩诃迦叶、摩诃迦旃延、摩诃俱絺罗、离婆多、周利槃陀伽、难陀、阿难陀、罗睺罗、憍梵波提、宾头卢颇罗堕、迦留陀夷、摩诃劫宾那、薄拘罗、阿㝹楼驮等佛的十六位大弟子。另外，还有诸位大菩萨，他们是文殊师利法王子、阿逸多菩萨、乾陀诃提菩萨、常精进菩萨等。其时，这些大菩萨以及释提桓因等好多诸天大众，全都聚在了一起。

原典

尔时，佛告长老舍利弗：从是西方过十万亿佛土，有世界名曰极乐。其土有佛，号阿弥陀，今现在说法。舍利弗，彼土何故名为极乐？其国众生，无有众苦，但受诸乐，故名极乐。

又舍利弗，极乐国土，七重栏楯①，七重罗网，七重行树，皆是四宝周匝围绕，是故彼国名为极乐。

又舍利弗，极乐国土，有七宝池，八功德水，充满其中。池底纯以金沙布地，四边阶道，金、银、琉璃、玻璃合成。上有楼阁，亦以金、银、琉璃、玻璃、砗磲、赤珠、玛瑙，而严饰之。池中莲华，大如车轮，青色青光，黄色黄光，赤色赤光，白色白光，微妙香洁。舍利弗，极乐国土，成就如是功德庄严。

又舍利弗，彼佛国土，常作天乐，黄金为地，昼夜六时[2]，雨天曼陀罗华。其土众生，常以清旦，各以衣裓，盛众妙华，供养他方十万亿佛。即以食时[3]，还到本国，饭食经行[4]。舍利弗，极乐国土，成就如是功德庄严。

注释

①**栏楯**：栏，横的栏杆。楯，竖的栏杆。

②**昼夜六时**：指佛经中常说的初日分（早晨）、中日分（中午）、后日分（下午）、初夜分（黄昏）、中夜分（半夜）、后夜分。

③**食时**：指吃早饭时。清旦出发到十万亿个大千世界去供养佛，吃早饭即回，是指西方极乐世界众生有“神足通”（佛教神通之一）。

④**经行**：《阿弥陀经疏》云：“经行者，谓旋绕思惟。”《阿弥陀经通赞疏》卷中云：“或绕宝殿或绕琼林或往或来如绢经来往，故云经行，足行宝地，口念金经，故云经行也。”

译文

那时，佛告诉长老舍利弗说：从我们这个世界一直向西去，经过十万亿个佛的世界，那里，另外有个世界，叫做极乐世界。那极乐世界有佛，名叫阿弥陀佛，他现在正在那里演说佛法。舍利弗！你可知道，那个世界为什么叫做极乐世界呢？这是因为那个世界里的众生，没有种种苦恼，只享受种种快乐，所以叫做极乐世界。

佛又对舍利弗说：在那极乐世界里，一排一排有七重栏杆，一层一层有七重罗网，一行一行有七重树林，这些栏杆、罗网、树林，都是由四种宝物做成的，四种宝物又从四面八方，把重重栏杆、罗网、树林围绕起来，行行相对，重重相间，枝枝相映，绚丽多彩。所以那个世界，名叫极乐世界。

佛对舍利弗说：西方极乐世界，除了上述情形外，还有种种妙境。那里有七种宝物筑成的水池，池水盈盈，具有八种功德。七宝池的池底，全用金沙铺成。七宝池四周的阶沿、道路，也由金、银、琉璃、玻璃等宝物合成。七宝池上，亭台楼阁，错落生辉，也以金、银、琉璃、玻璃、砗磲、赤珠、玛瑙等宝物，把楼台装饰得齐齐整整，富丽堂皇。池里的莲花，亭亭玉立，大如车轮。

青色的莲花放出青光，黄色的莲花放出黄光，红色的莲花放出红光，白色的莲花放出白光，有色有光，各放异彩。微风吹来，暗香浮动，幽玄绝妙。舍利弗，如此美妙庄严的西方极乐世界，都是阿弥陀佛的功德所成就的。

佛又对舍利弗说：西方极乐世界，常有美妙的天国乐音荡漾盈耳，舒坦的地面全是黄金铺成。在一昼夜里，可以分为六时，天上还经常不停地有无数曼陀罗花飘落下来。生活在西方极乐世界的众生，总要在每天清晨，各人用自己的衣襟，盛满各种各样好花，随心供养各方世界的十万亿佛。到了吃饭的时候，他们回到自己居住的西方极乐世界。吃好饭后，就往来经行。舍利弗，如此美妙庄严的西方极乐世界，都是由阿弥陀佛的功德成就的。

原典

复次，舍利弗，彼国常有种种奇妙杂色之鸟，白鹤、孔雀、鹦鹉、舍利[①]、迦陵频伽[②]、共命之鸟[③]。是诸众鸟，昼夜六时，出和雅音。其音演畅五根、五力[④]、七菩提分[⑤]、八圣道分[⑥]如是等法。其土众生，闻是音已，皆悉念佛、念法、念僧。

舍利弗，汝勿谓此鸟，实是罪报所生[⑦]。所以者何？

彼佛国土，无三恶道。舍利弗，其佛国土，尚无恶道之名，何况有实？是诸众鸟，皆是阿弥陀佛，欲令法音宣流，变化所作。

舍利弗，彼佛国土，微风吹动，诸宝行树，及宝罗网，出微妙音，譬如百千种乐，同时俱作。闻是音者，自然皆生念佛、念法、念僧之心。舍利弗，其佛国土，成就如是功德庄严。

舍利弗，于汝意云何？彼佛何故号阿弥陀？舍利弗，彼佛光明无量，照十方国，无所障碍，是故号为阿弥陀。又舍利弗，彼佛寿命，及其人民无量无边阿僧祇劫[8]，故名阿弥陀。舍利弗，阿弥陀佛，成佛已来，于今十劫。

又舍利弗，彼佛有无量无边声闻[9]弟子，皆阿罗汉，非是算数之所能知。诸菩萨众，亦复如是。舍利弗，彼佛国土，成就如是功德庄严。

又舍利弗，极乐国土，众生生者，皆是阿鞞跋致[10]。其中多有一生补处[11]，其数甚多，非是算数所能知之，但可以无量无边阿僧祇说。

注释

①**舍利**：一说是鹙鹭，一说是春莺。

②**迦陵频伽**：译为妙音鸟。即极乐净土之鸟。

③**共命之鸟：**一身两头的一种鸟。

④**五根、五力：**五根，五种根本之法，即信、精进、念、定、慧；五力，由五根生出的力，即信力、精进力、念力、定力、慧力。

⑤**七菩提分：**也叫“七觉分”，指七种能助菩提智慧开展的行法。七种即：择法、精进、喜、轻安、舍、定、念。

⑥**八圣道分：**又名叫八正道，即正见、正思惟、正语、正业、正命、正精进、正念、正定。

⑦**罪报所生：**按佛教三世二重六道轮回之说，前世恶业，后世便遭投生畜生报应。

⑧**劫：**梵文 Kalpa 的音译，也称“劫波”。有大、中、小三分。佛教认为世上人的寿命有增有减，每一增（人寿自十岁开始，每百年增一岁，增至八万四千岁）及一减（人寿自八万四千岁开始，每百年减一岁，减至十岁），各为一小劫，合一增一减为一中劫。一大劫包括八十中劫。劫有成、住、坏、空四个时期。下文中“于今十劫”之“劫”，即指大劫。

⑨**声闻：**梵文 Srāvaka 的意译，此处指直接听闻佛说教的弟子。

⑩**阿鞞跋致：**意为“没有退转”。佛教认为修行很难，有“一进九退”之说。到阿鞞跋致位即不退转。不

退转有三种：位不退、行不退、念不退。

⑪一生补处：一生一世便修成正等正觉，候补佛位的菩萨，如弥勒、观自在菩萨等。

译文

佛接着又说：舍利弗，在那西方极乐世界，经常有各种各样羽翼缤纷的奇异殊妙之鸟，飞翔鸣唱在极乐世界，他们中间，有白鹤、孔雀、鹦鹉、百舌鸟、好声鸟、共命鸟等。这许多鸟，在昼夜六时里，时时发出婉转幽雅的鸣叫。幽雅的声音，都在和畅地演说吟传五根、五力、七菩提分、八圣道分等种种佛法。西方极乐世界的众生，听了这些鸟的妙音，全都生起念佛、念法、念僧之心。

舍利弗，你不要以为这些鸟儿，是因为做人造了罪，所以才投胎为鸟。为什么呢？因为那西方极乐世界，没有畜生、饿鬼、地狱三种恶道。舍利弗，你说那西方极乐世界，尚且没有恶道的名称，又哪来实实在在的恶道呢？这许多鸟儿，都是阿弥陀佛，为了使佛的法音广为流布，所以才以佛的神力变现出来的。

舍利弗，在那西方极乐世界，清风徐起，各种宝物缀成的排排树林和层层罗网摇曳生姿，发出非常微妙动听的声音，犹如成百上千种乐器，同时吹奏起来。人们听到琼林宝网演出的妙音，自然而然地会生出念佛、念法、念僧的心境。舍利弗，那如此美妙庄严的西方极乐世界，都是阿弥陀佛功德所成就的。

舍利弗，你是怎么想的？那西方极乐世界的佛为什么称为阿弥陀佛？舍利弗，这是因为阿弥陀佛全身能够放射出无量的光明，光明透彻十方，智炬照耀十方一切诸佛的世界，而没有障碍，所以才称他为阿弥陀佛。

佛又说道：舍利弗，阿弥陀佛的寿命，以及西方极乐世界人们的寿命都无穷无尽，不可计数，所以才称他为阿弥陀佛。舍利弗，阿弥陀佛从成佛到现在，已经过了十个劫数。

佛又对舍利弗说，那阿弥陀佛有好多好多数不过来的声闻弟子，他们都是阿罗汉，他们的确切人数不是用数字能够算得出来的。不但是佛的声闻弟子多得难以计算，就是诸菩萨也是这样。舍利弗，西方极乐世界的种种妙境，都是阿弥陀佛功德所成就的。

佛又继续说道：舍利弗，那凡是生到西方极乐世界的众生，只有一直修持上去，没有中途退转下来的。他们中间还有好多菩萨在一生后就能达到候补佛位，这样的菩萨也非常多，多得无以数计，且用“无量无边阿僧祇”来形容吧。

原典

舍利弗，众生闻者，应当发愿，愿生彼国。所以者何？得与如是诸上善人，俱会一处。舍利弗，不可以少善根福德因缘[1]，得生彼国。舍利弗，若有善男子、善女人，闻说阿弥陀佛，执持名号，若一日、若二日、若三日、若四日、若五日、若六日、若七日，一心不乱，其人临命终时，阿弥陀佛，与诸圣众，现在其前。是人终时，心不颠倒，即得往生阿弥陀佛极乐国土。

舍利弗，我见是利，故说此言。若有众生，闻是说者，应当发愿，生彼国土。

舍利弗，如我今者，赞叹阿弥陀佛不可思议功德之利，东方亦有阿闳鞞佛[2]、须弥相佛[3]、大须弥佛[4]、须弥光佛[5]、妙音佛[6]，如是等恒河沙数[7]诸佛。各于其国，出广长舌相，遍覆三千大千世界。说诚实言，汝等众生，当信是称赞不可思议功德，一切诸佛所护念经。

注释

①**善根福德因缘**：善根，指菩提正道；福德，指持戒参禅等。善根为因，福德为缘。

②**阿闳鞞佛**：梵语，此云无动，不被烦恼四魔违顺

等动故。

③**须弥相佛**：谓金容尊状若须弥。

④**大须弥佛**：谓诸相甚大如大山王。

⑤**须弥光佛**：大如山王身光故。

⑥**妙音佛**：其声微妙清澈远闻。

⑦**恒河沙数**：恒河数者，梵云殑伽，讹略云恒河，是河神之名。经中说河沙为喻。无热恼池出四大河，此河即一也。由具五义：一由沙多，二由世人共为福水入洗罪灭投死生天。三虽经劫坏名字常在，四佛多近此宣说妙法，五众人共委，故多为喻仍取。

译文

佛又说道：舍利弗，众生听到上述西方极乐世界种种殊胜，应该发出愿心，愿往生到西方极乐世界。为什么劝人发愿往生极乐世界呢？因为到了那里，就能够和那么多的善根深厚的大德会聚在一起，同精进佛业，共相切磋。舍利弗，假如缺少善根和福德因缘，就不能往生到西方极乐世界。舍利弗，如果有善男子、善女人，听到有人说到阿弥陀佛，就执持阿弥陀佛的名号，或者一天，或者两天，或者三天，或者四天，或者五天，或者六天，或者七天，只要专心致志，一心不乱地念佛，那么这个人在走到生命尽头时，阿弥陀佛就会与其他好多菩萨一起，显现在他面前。当他临终之时，一定会心智清朗，毫不颠三倒四，也一定会神识安详地即刻往生到阿弥陀佛所在的极乐世界。

舍利弗，我见到这种只要一心念佛就能往生到西方极乐世界的殊胜利益，所以才陈说要一心念佛的话语。如果有众生，听到我的这些话语，就应当发出心愿，往生西方极乐世界。

舍利弗，像我现在之所以赞美讴歌阿弥陀佛，是因为阿弥陀佛功德无量，不可思议，利益无边，难以形容。在这个娑婆世界的东面，也有阿閦鞞佛、须弥相佛、大须弥佛、须弥光佛、妙音佛等，这些佛的数目像恒河之沙一样多得无法计数。他们各在自己的佛国土里，现出广长舌相，遍覆三千大千世界，他们发出至诚的宣说：你们这些众生，应当相信经文里所称赞的不可思议的无量功德，相信此经是一切诸佛所护持、忆念不忘的佛经。

原典

舍利弗，南方世界有日月灯佛①、名闻光佛②、大焰肩佛③、须弥灯佛④、无量精进佛⑤，如是等恒河沙数诸佛。各于其国，出广长舌相，遍覆三千大千世界。说诚实言，汝等众生，当信是称赞不可思议功德，一切诸佛所护念经。

舍利弗，西方世界有无量寿佛、无量相佛[⑥]、无量幢佛[⑦]大光佛[⑧]、大明佛[⑨]、宝相佛[⑩]、净光佛[⑪]，如是等恒河沙数诸佛。各于其国，出广长舌相，遍覆三千大千世界。说诚实言，汝等众生，当信是称赞不可思议功德，一切诸佛所护念经。

舍利弗，北方世界有焰肩佛、最胜音佛[⑫]、难沮佛[⑬]、日生佛[⑭]、网明佛[⑮]，如是等恒河沙数诸佛。各于其国，出广长舌相，遍覆三千大千世界。说诚实言，汝等众生，当信是称赞不可思议功德，一切诸佛所护念经。

舍利弗，下方世界有师子佛[⑯]、名闻佛[⑰]、名光佛[⑱]、达摩佛[⑲]、法幢佛[⑳]、持法佛[㉑]，如是等恒河沙数诸佛。各于其国，出广长舌相，遍覆三千大千世界。说诚实言，汝等众生，当信是称赞不可思议功德，一切诸佛所护念经。

舍利弗，上方世界有梵音佛[㉒]、宿王佛[㉓]、香上佛[㉔]、香光佛[㉕]、大焰肩佛、杂色宝华严身佛[㉖]、娑罗树王[㉗]佛、宝华德佛[㉘]、见一切义佛[㉙]、如须弥山佛[㉚]，如是等恒河沙数诸佛。各于其国，出广长舌相，遍覆三千大千世界。说诚实言，汝等众生，当信是称赞不可思议功德，一切诸佛所护念经。

注释

①**日月灯佛**：身光智光内外俱照故。

②**名闻光佛**：有大名闻光照内外，或闻名见光生觉悟故。

③**大焰肩佛**：身光发焰出于肩故，或肩者齐也，即身光智光皆发焰齐也。

④**须弥灯佛**：身光如灯焰有破暗故。

⑤**无量精进佛**：利乐有情也。

⑥**无量相佛**：相好无量故。

⑦**无量幢佛**：身量功德高而复峻犹如幢也。

⑧**大光佛**：身智二光，无不照故。

⑨**大明佛**：得佛三明无不知故。即正遍知也。

⑩**宝相佛**：内外二相皆可宝重故。

⑪**净光佛**：净者无漏，光者身智二光，故言净光也。

⑫**最胜音佛**：音声美妙胜过余故。

⑬**难沮佛**：诸魔不能阻碍故。

⑭**日生佛**：依智慧日流声教故，或依智慧日令众生生诸善法故。

⑮**网明佛**：施此教网令众生生于明解故。

⑯**师子佛**：如于师子兽中自在，佛于法中自在故得此名；又世师子伏诸猛兽，佛即伏于四魔也。

⑰**名闻佛**：名振十方故。

⑱**名光佛**：闻名见光生觉悟故。

⑲**达摩佛**：达磨者梵语，此云法也。以法为身，即有为无为诸法所依止故。

⑳**法幢佛**：广开大法高峻如幢故。

㉑**持法佛**：持过去佛法付未来故。

㉒**梵音佛**：声相美妙闻者悦心故。

㉓**宿王佛**：宿者星也，月是星中之王。佛者是十地菩萨二乘凡夫之王也。得自在故。

㉔**香上佛**：戒德馨香更无过上故。

㉕**香光佛**：馨香自远光彩教门故。

㉖**杂色宝华严身佛**：心华发明自严饬故，或可杂色众宝以严其身饬形可以美价故。

㉗**娑罗树王佛**：如大树王能覆荫故，佛能覆荫诸众生故。

㉘**宝华德佛**：身智功德如宝可重故

㉙**见一切义佛**：义者境也。佛具五眼见一切境故。

㉚**如须弥山佛**：福智如山巍巍高峻故。

译文

舍利弗，在我们这个世界南面的南方世界，有日月灯佛，名闻光佛，大焰肩佛，须弥灯佛、无量精进佛等，这些佛的数目像恒河之沙一样多得无法计数。他们各在自己的佛国土里，现出广长舌相，遍覆三千大千世界，他们发出至诚的宣说：你们这些众生，应当相信经里称赞的不可思议的功德，相信此经是一切诸佛所护持、忆念不忘的佛经。

舍利弗，在我们这个世界西面的西方世界，有无量寿佛、无量相佛、无量幢佛、大光佛、大明佛、宝相佛、净光佛等，这些佛的数量犹如恒河之沙一般多得不可计数。他们各在自己的佛国里，现出广长舌相，遍覆三千大千世界，他们诚恳地宣说：你们这些众生，应当相信经里称赞的不可思议的功德，相信此经是一切诸佛所护持、忆念不忘的佛经。

舍利弗，在我们这个世界北面的北方世界，有焰肩佛、最胜音佛、难沮佛、日生佛、网明佛等，这些佛的数目，像那恒河之沙一样不可胜数。他们各在自己的佛国土里，现出广长舌相，遍覆三千大千世界。他们诚恳地宣说：你们这些众生，应当相信经里称赞的不可思议的功德，相信此经是一切诸佛所护持、忆念不忘的佛经。

舍利弗，在我们这个世界下面的下方世界，有师子佛、名闻佛、名光佛、达摩佛、法幢佛、持法佛等，这些佛的数目像恒河之沙那样多得无法计数。他们各在自己的佛国土里，现出广长舌相，遍覆三千大千世界。他们至诚地宣说：你们这些众生，应当相信经里称赞的不可思议功德，相信此经是一切诸佛所护持、忆念不忘的佛经。

舍利弗，在我们这个世界上面的上方世界，有梵音佛、宿王佛、香上佛、香光佛、大焰肩佛、杂色宝华严身佛、娑罗树王佛、宝华德佛、见一切义佛、如须弥山佛等。这些佛的数目像恒河之沙那样多得无法计数。他们各在自己的佛国土里，现出广长舌相，遍覆三千大千世界。他们至诚地宣说：你们这些众生，应当相信经里称赞的不可思议功德，相信此经为一切诸佛所护持、忆念不忘的佛经。

原典

舍利弗，于汝意云何？何故名为《一切诸佛所护念经》？舍利弗，若有善男子、善女人，闻是经受持者，及闻诸佛名者，是诸善男子、善女人，皆为一切诸佛之所护念，皆得不退转于阿耨多罗三藐三菩提。是故舍利弗，汝等皆当信受我语，及诸佛所说。

舍利弗，若有人已发愿，今发愿，当发愿，欲生阿弥陀佛国者，是诸人等，皆得不退转于阿耨多罗三藐三菩提，于彼国土，若已生，若今生，若当生。是故舍利弗，诸善男子、善女人，若有信者，应当发愿，生彼国土。

舍利弗，如我今者，称赞诸佛不可思议功德，彼诸佛等，亦称赞我不可思议功德，而作是言：释迦牟尼佛，能为甚难希有之事。能于娑婆国土①，五浊恶世②，劫浊、见浊、烦恼浊、众生浊、命浊中，得阿耨多罗三藐三菩提。为诸众生，说是一切世间难信之法。舍利弗，当知我于五浊恶世行此难事，得阿耨多罗三藐三菩提，为一切世间说此难信之法，是为甚难。

佛说此经已，舍利弗及诸比丘，一切世间天、人、阿修罗等③，闻佛所说，欢喜信受，作礼而去。

注释

①**娑婆国土**：又称“堪忍世界”，指释迦牟尼佛进行教化的现实世界。

②**五浊恶世**：同指现实世界。劫浊，整个世界灾难

不断；见浊，众生持邪恶见解；烦恼浊，众生具有贪、嗔、痴等诸烦恼；众生浊，众生不持禁戒；命浊，众生寿命极短。

③**天、人、阿修罗等：**实际上包括人间所有的八部六道。

译文

舍利弗，你是怎么想的？可知道为什么把这部经叫做《一切诸佛所护念经》？舍利弗，如果有善男子、善女人，听了这部经后能够拜受奉持的，或者是听到这许多佛的名号的，这些善男子、善女人都能够得到所有一切佛的保护忆念，都能够获得永不退转的无上正等正觉。佛接着对舍利弗说：所以，你们应该相信领受我所说的话，以及一切诸佛所说的话。

舍利弗，如果有人或已经发愿，或现在发愿，或将来发愿，要往生到阿弥陀佛西方极乐世界里去，这些人们，无论过去，无论现在，无论将来，都可以往生到阿弥陀佛西方极乐世界，并且获得永不退转的无上正等正觉。所以舍利弗，那些善男子、善女人，要是有信心信念，就应该发誓愿心，往生到阿弥陀佛西方极乐世界。

舍利弗，你可知道，像我现在称赞诸佛的不可思议功德一样，十方诸佛也在称赞我的不可思议功德。他们这样说道：释迦牟尼佛，能从事那艰难困苦非常罕见的事情，能在那娑婆世界，在那劫浊、见浊、烦恼浊、众生浊、命浊等五浊恶世中，获得无上正等正觉，并为那芸芸众生，宣说这种世界上一切众生难以相信的佛法。舍利弗，你应当知道，我在这个五浊恶世做这样劝人念佛的难事，获得无上正等正觉，为了世界上一切众生，讲说这种难以相信的佛法，实在不容易。

佛宣说完了这部《阿弥陀经》，舍利弗和诸比丘僧，以及一切世间天道、人道、阿修罗等众生，听到佛宣讲的这部《阿弥陀经》，都欢喜相信领受，对佛作礼而去。

源流

净土三经是净土思想的宗经宝典，故历史上对三经的译介、注疏、研习、弘传代有其人，从未间断。从某种意义上说，净土法门之所以在后世涌现浩荡之流，是与净土三经之译介及广为传布分不开的。有鉴于此，对净土三经的注疏传译之源流做一系统的梳理。对于了解净土思想的发展历程是很有助益的。

《无量寿经》被译介到中国之前，在印度似已颇为流行，世亲菩萨造的《无量寿经优婆提舍愿生偈》，大概是依此经义而作的第一部注疏。北魏昙鸾的《往生论注》（即前书的注解）中，也说明是正依此经。从南北朝以来，此经在中国盛行弘通。北齐地论宗灵裕，隋净影寺慧远，嘉祥寺吉藏，唐西明寺圆测，以及璟兴、法位、玄一，乃至清代彭际清等均对此经加以疏释。

《无量寿经》过去在朝鲜、越南也传习颇盛。尤其是日本由于净土宗开创者源空、真宗创立者亲鸾均专依此经发挥他力易行念佛的宗义，对于此经的弘扬更是显著。

中土对此经的主要注疏，现存的有二：

(1)《无量寿经义疏》二卷，隋京师净影寺沙门慧远撰疏。简称净影疏。

(2)《无量寿经义疏》(与上同名)，唐嘉祥寺吉藏撰。简称吉藏疏。

朝鲜（新罗国）有憬兴、元晓两家注疏本，也在中土流通。

(1)《无量寿经义述文赞》三卷，新罗国沙门憬兴著。简称憬兴疏。

(2)《无量寿经宗要》一卷，新罗国黄龙寺沙门元晓撰。元晓曾入唐游学，还后，化振海东。其疏简称海东疏。

(3)《游心安乐道》，也是元晓撰，是净宗古佚十书之一。

在日本,《无量寿经》的注疏不下二十余种：

(1)《无量寿佛赞钞》一卷，兴福寺善珠作。

(2)《无量寿经述义》三卷，最澄集。

(3)《无量寿经私记》一卷，智景作。

(4)《无量寿经义苑》七卷，纪州总持寺南楚作。

(5)《无量寿经略笺》八卷，享保五年洛东禅林寺院溪作。

(6)《无量寿经钞》七卷，望西楼了惠作。

(7)《无量寿经直谈要注记》二十四卷，永享四年增上寺西誉作。

(8)《无量寿经见闻》，良荣作。

(9)《无量寿经科玄概》一卷，小仓西吟作。

(10)《无量寿经会疏》十卷，越前胜授寺峻谛作。

(11)《无量寿经开义》六卷，平安西福寺惠空作。

(12)《无量寿经贯思义》三卷，薏州理圆作。

(13)《无量寿经显宗疏》十七卷，江州性海无涯作。

(14)《无量寿经要解》三卷，法霖作。

(15)《无量寿经讲录》十卷，纪州矶肋安乐寺南麟作。

(16)《无量寿经梵响记》六卷，灵凤作。

(17)《无量寿经眼髓》十一卷，摄州定专坊月溪作。

(18)《无量寿经义记》五卷，堺华藏庵惠然作。

(19)《无量寿经海渧记》二十卷科二卷，摄州小曾祢宪荣泰岩作。

(20)《无量寿经永安录》十三卷，薏报专坊慧云作。

(21)《无量寿经甄解》十八卷，道隐作。

(22)《无量寿经合赞》四卷，观彻作。

另外对《无量寿经》的校会本加以注释的有三种：

(1)《无量寿经起信论》三卷，清初彭际清作。

(2)《无量寿经笺注》，清末丁福保作。

以上两种所注的是彭际清节校的《无量寿经》。

(3)《佛说摩诃阿弥陀经衷论》，清光绪正定王耕心作。所注的是魏源会译本《无量寿经》。

现今佚传的《无量寿经》注疏有：

(1) 灵裕的《无量寿经义疏》二卷。

(2) 知玄的《无量寿经疏》三卷。

(3) 法位的《无量寿经义疏》二卷。

(4) 圆测的《无量寿经疏》三卷。

(5) 大贤的《古迹记》一卷。

(6) 义寂的《无量寿经疏》三卷。

(7) 寂证的《无量寿经述义》三卷。

下面我们再谈及《观无量寿经》。

《观无量寿经》的梵文原本早已佚失，藏文未有译本。近世新疆发现有维吾尔文译本，日本西本愿寺藏有此本片断。英文译本有日本高楠顺次郎于一八九四年依据汉文刘宋译本译出的译本，收于《东方圣书》四十九卷中。

此经自从刘宋畺良耶舍译出以后，这一观念往生的法门便日见弘通。随唐以后，各宗的著名大师如慧远

（地论宗）、智𫖮（天台宗）、吉藏（三论宗）、善导（净土宗）、怀感（慈恩宗）、澄观（贤首宗）、元照（律宗）等都加以尊重奉持并广事疏讲。其中善导的疏尤为深入、广泛发挥了观经的含义。

现存的《观无量寿经》的注疏有：

（1）隋慧远的《观无量寿经义疏》二卷。

（2）隋智𫖮的《观无量寿佛经疏》一卷。

（3）隋吉藏的《观无量寿经义疏》一卷。

（4）唐善导的《观无量寿经疏》四卷。

（5）唐法聪的《观无量寿经记》一卷。

（6）宋元照的《观无量寿经义疏》三卷。

（7）宋戒度的《观无量寿经义疏正观记》三卷，《观无量寿经扶新论》一卷。

（8）宋知礼的《观无量寿经疏妙宗钞》六卷，《观无量寿经融心解》一卷。

（9）明传灯的《观无量寿佛经图颂》一卷。

（10）清续法的《观无量寿经直指疏》二卷。

（11）清彭际清《观无量寿佛经约论》一卷。

（12）清杨仁山《观无量寿经略论》一卷。

现今佚传的有名的观经注疏，有唐道绰的《玄义》一卷，怀感的《玄义》二卷，《疏》二卷，璟兴的《疏》二卷，惠苑的《义记》一卷，澄观的《疏》一卷，宋智圆的《刊正记》二卷，宋择英的《净土修证义》二卷，宋用钦的《白莲记》四卷等。

下面再谈谈《阿弥陀经》。

此经约编纂于公元一世纪，成书于阿弥陀佛信仰盛行的北印度地区。《阿弥陀经》的梵文本，曾于一八八一年由英国马克斯·缪勒与日本南条文雄在伦敦加以刊行，并于一八九四年将它译为英文本。收于由马克斯·缪勒于一八七五年编辑出版的《东方圣书》第四十九卷中。由于梵本的刊行，日本遂掀起研究的热潮。南条文雄、荻原云来、椎尾辨匡、河口慧海等依据梵、汉、藏文译出数种日文本，藤波一如著有日、英、汉、朝鲜四国语译的梵文《阿弥陀经》。

此经的汉译本于姚秦弘始四年（公元四〇二年）由鸠摩罗什译出。译后有两种异译本，一是刘宋孝武帝孝建初年（公元四五四—四五六年）求那跋陀罗所译的《小无量寿经》一卷，早已散佚，现仅存咒文与利益文；二是唐高宗永徽元年（公元五六〇年）玄奘所译的《称赞净土佛摄受经》一卷，现存。

由于此经在中土以罗什译本弘传最盛，因而古来各家多据此本从事疏讲弘通。现存的重要注疏有：

（1）隋智顗的《阿弥陀经义记》一卷。

（2）唐慧净的《阿弥陀经义述》一卷。

(3) 唐窥基的《阿弥陀经疏》一卷,《阿弥陀经通赞疏》三卷。

(4) 宋智圆的《阿弥陀经疏》一卷。

(5) 宋元照的《阿弥陀经义疏》一卷。

(6) 宋戒度的《阿弥陀经义疏闻持记》三卷。

(7) 元性澄的《阿弥陀经句解》一卷。

(8) 明大佑的《阿弥陀经略解》一卷。

(9) 明传灯的《阿弥陀经略解圆中钞》二卷。

(10) 明袾宏的《阿弥陀经疏钞》四卷。

(11) 明大慧的《阿弥陀经已决》一卷。

(12) 明智旭的《阿弥陀经要解》一卷。

(13) 清徐槐廷的《阿弥陀经疏钞撷》一卷。

(14) 清净挺的《阿弥陀经舌相》一卷。

(15) 清续法的《阿弥陀经略注》一卷。

(16) 清彭际清的《阿弥陀经约论》一卷。

史上有载而现已佚传的《阿弥陀经》注疏有:

(1) 姚秦僧肇的《阿弥陀经义疏》一卷。

(2) 唐智首的《阿弥陀经钞》二卷。

(3) 唐湛然的《阿弥陀经决十疑》一卷。

(4) 宋智圆的《阿弥陀经西资钞》一卷等。

(5) 宋仁岳的《阿弥陀经新疏》二卷,《阿弥陀经新疏指归》二卷等。

朝鲜古德对于此经的注疏有：

（1）新罗圆测的《阿弥陀经疏》一卷。

（2）元晓的《阿弥陀经疏》一卷。

（3）道论的《阿弥陀经疏》一卷。

（4）璟兴的《阿弥陀经略记》一卷。

（5）玄一的《阿弥陀经疏》一卷。

（6）太贤的《阿弥陀经古迹记》一卷。

日本古德对此经的注疏有：

（1）源信的《阿弥陀经大意》一卷，《阿弥陀经略记》一卷。

（2）源空的《阿弥陀经释》一卷。

（3）圣聪的《阿弥陀经直谈要注记》八卷等。

顺着净土思想的发展脉络，我们有必要了解净土思想发展史上的重要人物在疏理研究净土典籍，及阐释弘扬净土思想方面所作出的贡献，这样可以有助于我们理解在佛教中国化的背景下，净土思想是怎样成为中国传统文化组成部分的。

中土的往生净土法门，起于东晋潜青山竺法旷（公元三二七—四〇二年），《高僧传》卷五说他“每以《法华》为会三之旨，《无量寿》为净土之因，常吟咏二部，有众则讲，独处则诵”。稍后，慧远于庐山结白莲社，开创净业。慧远被后世尊为莲宗（净土宗）初祖。慧远圆寂后，专修净土法门的虽不乏其人，但到东魏的昙鸾才有较大的发展，从而奠定了后世净土立宗的基础。

昙鸾（公元四七六—五四二年），雁门人，家近五台，出家后穷研佛典，恨其艰深，因而注解，因病停笔，周行山西南部、陕西咸阳一带，受到道教神仙方术影响，而游江南，往见陶弘景，北归至洛阳，遇名僧菩提流支，得《观无量寿经》，从此一心归向弥陀净土，广为传播。

因他年轻时代就明白佛典"词义深密，难以开悟"，所以他对弥陀净土信仰的最大贡献在于对弥陀净土经典作出通俗的解释，并简化修行方法。他留世的主要有关净土经典的著述有：

(1)《无量寿经优婆提舍愿生偈注》(简称《往生论注》）二卷。

(2)《略论安乐净土义》一卷。

(3)《赞阿弥陀佛偈》一卷。

其中，《赞阿弥陀佛偈》，有七言偈一百九十五行，是根据《无量寿经》赞咏阿弥陀佛及其净土的功德，所以又称《无量寿经奉赞》或《大经奉赞》。

《略论安乐净土义》是用问答的体裁，把有关弥陀安乐净土的三界摄否、庄严多少、往生辈品、边地胎生、五智疑惑、度与不度、十念相续等问题，作了总别九番回答，并一一加以说明。昙鸾在《略论安乐净土义》中认为：西方安乐净土“非三界所摄”。三界即欲界、色界、无色界。因为净土无欲“故非欲界”；地居西方极乐世界，“故非色界”；而净土世界有形色，“故非无色界”。因为非三界所摄，所以往生净土的人，就无“轮回三有”之事。这里昙鸾正是阐扬了菩提流支授给他《观无量寿经》时所说的“此大仙方，依此修行，当得解脱生死”的观点，可见解脱生死是昙鸾及其门众修行西方净土的出发点，也是昙鸾向信众宣扬净土利益的主要内容。(参见《略论安乐净土义》，载《大正藏》卷四十七)

昙鸾为了阐释净土三经，普及西方净土信仰，使之简单明了，以问答的形式论述经义。在《略论安乐净土义》中，他把《无量寿经》的三辈因缘说和《观无量寿经》的九品说相比较，抛弃九品说，向信众陈说简化的信条，从而使往生净土的条件更易于接受。

“上辈生者有五因缘：一者，舍家离欲而作沙门。二者，发无上菩提心。三者，一向专念无量寿佛。四者，修诸功德。五者，愿生安乐国。

“中辈生者有七因缘：一者，发无上菩提心。二者，一向专念无量寿佛。三者，多少修善奉持斋戒。四者，起立塔像。五者，饭食沙门。六者，悬僧然灯，散花烧香。七者，以此回向愿生安乐。

“下辈生者有三因缘：一者，假使不能作诸功德，当

发无上菩提心。二者，一向专意乃至十念念无量寿佛。三者，以至诚心愿生安乐。”（见《略论安乐净土义》）

在这里，昙鸾把《观无量寿经》和《无量寿经》的部分经义作了巧妙揉合，更加突出了中土净土信仰简单易行的特征。

对于不愿出家，又无力建塔修像、布施斋僧的普通信众，昙鸾阐述了“十念相续”的教义：“若念佛名字，若念佛相好，若念佛神力，若念佛功德，若念佛智慧，若念佛本愿。无他心间杂，心心相次，乃至十念，名为十念相续……又宜同志五三，共结言要，垂命终时，叠相开晓，为称阿弥陀佛名号，愿生安乐，声声相次，使成十念也。”（《略论安乐净土义》）

《观无量寿经》与《无量寿经》相比，观经的一观乃至十六观重复相叠，不易接受。而昙鸾不强调观想念佛，而强调信仰专一，提倡口称念佛，以及一种浓烈的炽烈的崇拜气氛，这是使西方净土信仰从般若学及坐禅观想独立出来的重大步骤。正是这种作法，净土经典及其信仰广为盛行。自唐代道绰以后，持名念佛，成为净土宗人最为通行的修行方法。

昙鸾的《往生论注》，更是集中表现了他对净土经典的理解以及他对净土义理的发展。

《往生论》是公元五世纪时，印度世亲晚年依《无量寿经》而作《愿生偈》，并造长行引申述释，全名叫《无量寿经优婆提舍愿生偈》，也称《无量寿经论》。北魏普泰元年（公元五三一年）由菩提流支译成汉文，昙鸾专宗净土后，注释此论，以弘扬净土宗典籍。

《往生论注》分为两大部分：上卷解释偈颂，为总说分；下卷解释长行，为解义分。

总说分释五念门，即是往生净业的业因：(一) 礼拜门，(二) 赞叹门，(三) 作愿门，(四) 观察门，(五) 回向门。偈颂第一行四句偈含最初三念门，第三行尽二十三行是观察门，末后一行是回向门。全书重点在观察一门。其中初观察器世间清净，有十七种庄严功德成就。其次观众生世间清净，其中观阿弥陀如来有八种庄严功德成就，又观诸菩萨有四种庄严功德成就。弥陀净土具备了上述二十九种庄严功德成就。

解义分立十科：(一) 愿偈大意，(二) 起观生信，(三) 观行体相，(四) 净入愿心，(五) 善巧摄化，(六) 离菩提障，(七) 顺菩提门，(八) 名义摄对，(九) 愿事成就，(十) 利行满足。

昙鸾在书中弘阐发挥了许多特殊见解。他在论注的卷头即引龙树菩萨《十住毗婆沙论》说明菩萨欲求阿毗跋致（即不退转法）有难行、易行二道。接着发挥：在五浊恶世无佛之时求阿毗跋致，因为没有他力可持，所以难得不退转地，属难行道；反之一心称念佛号，凭借阿弥陀佛弘誓大愿，往生净土，是易行道。难行道好比陆路行走，“唯持自力”无可凭靠；易行道好比水路乘船，借佛愿力，有所依凭。

昙鸾在《往生论注》中强调依佛本愿力，是发挥了《无量寿经》的思想。他在《往生论注》卷下说明阿弥陀佛本愿力的殊胜和修五念门以自利利他，可以速得成就阿耨多罗三藐三菩提，其要点在以弥陀如来为增上缘。以阿弥陀如来四十八愿（或二十四愿）中的第十一、第十八、第二十二，三大本愿为中心的他力本愿，发挥了弥陀净土宝典的蕴奥。后来唐代善导所发挥的弥陀本愿论，就是祖述昙鸾此说的。

昙鸾在《往生论注》中还提出了两种回向的见解。书中指出修行人须要有两种回向，一是往相回向，一是还相回向。以自己的功德回施一切众生，叫做往相回向。生净土之后得到奢摩他和毗婆舍那（止观），成就方便力，回入生死稠林，弘扬佛法，叫做还相回向。

总之，昙鸾在阐释弘传净土经论的过程中，注重净土信仰的简易化、通俗化，注重契合中土崇尚简易的文化传统，也注重契合中土信众的实际心态，为净土经典广为理解、净土信仰广为盛行做出了先驱性的工作，为净土经论的演绎流程做出了重要贡献。

昙鸾之后，阐释弘传净土三经者有净影（寺名）慧远、智颢、吉藏等。净影慧远著《无量寿经疏》二卷，《观经义记》一卷，智颢著《观经疏》二卷，《阿弥陀经义记》一卷。吉藏著《无量寿经义疏》等。但堪继承昙鸾之净土系统者，唯隋唐间的道绰。

道绰著有《安乐集》，大张净土经典的精义，所谓《安乐集》，乃是道绰讲《观无量寿经》时的别记。

道绰（公元五六二——六四五年），俗姓卫，并州（今山西太原）汶水人。隋大业五年（公元六〇九年），他到汶水石壁玄中寺。寺为昙鸾所建立，他见到记载昙鸾念佛往生种种瑞应的碑文极为感动，于是修习净土行业，一心专念阿弥陀佛，观想礼拜，精勤不断。并为信众开讲《观无量寿经》约二百遍，词旨明畅，辩才无碍。每当他讲经散席，大众欢喜赞叹，念佛声音响彻林谷。道绰每日自己念佛，以七万遍为限。他并广劝道俗信众称念阿弥陀佛名，以麻、豆等记数，每一称名便下一粒，念念相次，累积得数百斛。他的著作，现存的有《安乐集》上下二卷。此外日本的《东域传灯目录》，别出他的《观经玄义》一卷，现已不传。

作为讲《观无量寿经》的别记，《安乐集》主旨不外发挥经义。本书以重视经证为特色，广泛引用《观无量寿经》《无量寿经》《阿弥陀经》等净土经典及佛门其他诸经，弘阐净土思想。后来他的弟子善导作《观经疏》（即《四帖疏》）就以此为基础。

本书分十二大门，每门有一番至九番料简，共三十八番料简，皆引经论证明劝信往生。

第一大门中有九番料简，主要说明净土法门易修易证应时应机而广劝修学，并说明《观无量寿经》《观佛三昧经》等以观佛三昧、念佛三昧为宗，念佛三昧是一切三昧中王。又说明阿弥陀佛极乐国土是报身报土，阿弥陀净土的地位通于上下，上至菩萨，下至凡夫，都可以往生，而且弥陀净国的领域还超出三界等。

第二大门三番料简，主要说明凡要往生净土的人，须先发菩提心并批评大乘中人对于无相的偏执异见和认为净土法门是别时意语等。

第三大门四番料简，主要是教相判释并显示全书的正旨：初明难行易行二道和自力他力两种法门而说明净土教法他力易行。接着说明劫时大小不同，然后对大乘佛教分作圣净二门。引用净土经典说明有此难易二门的原因。最后进一步征引经典证明劝信往生，以下各门，根据此门所判分别解说。

第四大门三番料简，主要在引证中国高僧所行的净土法门作为示范，并说明诸经多明念佛三昧，行此念佛三昧必获种种利益。

第五大门四番料简，主要说明难行道须修行万劫；易行道净土法门随寿长短，一生即可至“不退位”。此土修禅全靠自力，难入易退；彼土修习禅观有佛力护持，阶位不退等。

第六大门三番料简，主要说明十方净土惟此安乐世界最为殊胜，并说释迦佛正法、像法、末法的年代，最后诸经随灭，特留此经止住百年，所以应立志求往。

第七大门两番料简，主要说明此土的厄缚和彼土的解脱，以及此土和彼土修道用功轻重和获报真伪的比较，而劝修净土。

第八大门三番料简，主要引经证明，并提出弥陀、释迦和安乐世界、娑婆世界的比较，从而劝舍此土，祈求往生。

第九大门两番料简，说明在此娑婆世界虽有苦乐二报，但苦少乐多；弥陀净土则有善无恶，有乐无苦。又此土寿命大期大过百年，弥陀净土则寿命长远不可思议。

第十大门两番料简，引经证明西方净土不可思议。此土众生修行艰难且缓，诸佛大悲，劝以所修诸业回向西方以成大益。

第十一大门两番料简，劝一切众生依善知识作向西意，并说明净土受生的殊胜。

第十二大门一番料简，劝一切众生往生西方，并作颂总结，以功德回向一切。

在书中，作者以净土经典为依据，向人们展示净土法门佛性平等、简便易行等种种特征，一方面弘扬了教旨，一方面又争取了信众。特别是第一大门中阿弥陀净土的地位通于上下，凡夫菩萨都可以往生的说法，与中土提倡众生平等的文化传统吻合，再加上进一步宣扬净土法门是易行道，所以增强了各个阶层的人们对往生极乐净土的信心。

《安乐集》撰述的主要宗旨在破除异义，显示净土法门的正宗教义。隋、唐之际，一般人对净土有两种看法：首先以为净土观像称名是堕于有相之见；其次认为《观无量寿经》十念成就之说是别时意趣。当时的大德如地论、三论、天台诸师虽然都讲说《观无量寿经》并有所撰述，但大都各弘本宗，不过以净土为辅。他们解释经义，都囿于自己的宗门教义。例如净影、嘉祥诸师都主张弥陀净土为化身化土。天台又分净土为四类，实际上都是三身三土的变相，不过随往生者的品类而别。道绰认为这些说法非净土本宗之义，因而分别加以料简。

《安乐集》在弘阐净土经典、彰显净土教义方面表现出几点比较突出的思想，从而发展了净土宗义。这几点是：（一）圣净二门，（二）十念成就，（三）末法思想。

《安乐集》将佛的教法分为圣道、净土二门。圣道门非末法钝根众生所能悟证，只有净土门简要易行，乘佛的本愿力即能往生净土。所以他一生宣扬净土法门。

《安乐集》中的“十念成就”说，出自《观无量寿经》:“佛说下愚凡夫，现造重恶罪，临命终时遇善知识，十念成就即得往生。”这种说法，当时通行的看法是别时意趣，认为临终十念只得作往生之因，并非立即得以往生净土。道绰在第三大门第三番料简中，着重说十念相续称佛名字一定能够往生，因为佛的本愿在以名号摄受众生，众生称名就可以与佛愿相应。道绰在书中广引诸经证明念佛三昧的不可思议的功德，继承发挥了昙鸾的思想。研究者认为道绰对净土宗形成的最大贡献是以口称念佛基本取代了观想念佛，使净土信仰在广大僧俗信众中更加普及。

在《安乐集》中，道绰还阐扬了末法思想，证明净土信仰的必要性。佛灭五百年后，中印度佛教徒遭受了迫害。一部分大乘学徒以此为背景，就有了佛正法入了末期的说法，强调未来的希望，于是西方净土的信仰逐渐抬头。中国净土宗的勃兴和印度相似，仍以时代动乱佛法被摧残为背景。在北周武帝（公元五六一—五七八年）灭佛之后，佛教大受摧残，北方原来注重实践的佛教徒就更有末法时代的感受，另外，汉唐社会的现实苦难也使广大信众渴望一种安慰心灵、解脱自身的信仰，净土他力往生的信仰的盛行成为必然。道绰书中说："末法时中亿万众生起行修道，未有一人得者，当今末法五浊恶世，唯有净土一门，可通入路。"这正说明净土宗的信仰和末法思想的密切的关系，在此末法时代，只有净土一门才是唯一的出离求解脱之路。

直接师承于道绰的净土系统并进而对净土典籍大加发扬光大者，是唐代的善导大师。

善导也称光明和尚，隋大业九年（公元六一三年）生，唐永隆二年（公元六八一年）圆寂。起初诵《法华》《维摩》，后依《观无量寿经》专修十六观。唐贞观年间曾亲见道绰讲《观无量寿经》，听后大喜曰："此入佛之津要也，修余行业，迂僻难成，惟此法门，速超生死！"随后道绰授以观经奥义，于是善导发奋勤学，昼夜礼诵，为人讲说净土法门三十余年，写弥陀经十万卷，画净土变相三百壁，随其教化的人成千累万，不可胜数。善导阐扬净土经典的主要著作有：

(1)《观无量寿佛经疏》，又称《观经四帖疏》四卷。

(2)《净土法事赞》二卷。

(3)《观念阿弥陀佛相海三昧功德法门》一卷。

(4)《往生礼赞偈》一卷。

(5)《依观经等明般舟三昧行道往生赞》一卷。

他的《观经四帖疏》是通盘解释刘宋畺良耶舍所译

的《观无量寿佛经》的著作，书中主要叙述净土法门的教相教义。《观经四帖疏》传去日本，到了十二世纪时，原出身于日本比叡山天台宗的源空（公元一一三三——一二一二年），即依这一《经疏》的散善义，著《选择本愿念佛集》等，宣扬专修念佛的净土教，开创了日本的净土宗，并尊善导为高祖。公元一九〇九年，日本学者橘瑞超等，于东土耳其斯坦吐峪沟（为高昌故址）附近，发现《往生礼赞偈》及《阿弥陀经》之断片，后者附有善导的发愿文，估计是他书写的十万卷之一。

《往生礼赞偈》也称《六时礼赞偈》，说明昼夜六时礼赞弥陀及观世音、大势至的仪式。

《净土法事赞》上卷标题为《转经行道愿生净土法事赞》，下卷标题为《安乐行道转经愿生净土法事赞》，说明《阿弥陀经》转读行道的方法。

《观念阿弥陀佛相海三昧功德法门》，是说明观念佛三昧的行相和入道场念佛与忏悔发愿的方法。

《依观经等明般舟三昧行道往生赞》，是依《观无量寿经》等说明修学般舟三昧行道的方法。

善导在他的著作中，阐释了净土经典的精义，提出了自己独特的见解，同时还修正了他人的一些观点，对净土宗作出了重要的理论贡献。

古来关于弥陀净土问题，有报土和化土异说。摄论师以彼土为报土，认为凡夫不能往生。与道绰、善导同时的迦才等认为彼土有报土和化土两种：地上菩萨生于报土，凡夫二乘生于化土。隋慧远认为净土是众生的自业所感，随凡圣阶位而有高下之别。善导在《观经四帖疏》等著述里，则坚决主张弥陀净土为报土，并认为凡夫能入弥陀报土，从而发展了昙鸾在《往生论注》，道绰在《安乐集》中的思想，促成了净土思想史上所谓“善导流”的成立，以此树立了净土一宗的教法。需要说明的是，所谓善导流，是净土教的三流之一，指代善导所立的净土教法。善导流是由昙鸾、道绰相承而来，如前所述，昙鸾在《往生论注》中，兼及《观无量寿经》所说的十念往生，愈能显发昙鸾的教义。观经所被的根机为上根之行人，身土为应化身与应土等说，只是因昙鸾而暂露曙光。其后，道绰依《观无量寿经》撰《安乐集》一书，评破诸说谬见。其弟子善导也因诸师未解经义，视《观经》是以观念为主，以回向愿为旨，而非直接教示凡夫往生，所以撰著《观经四帖疏》，楷定古今，净土教因此复兴。凡夫众生从此更为乐奉净教，净教也因此更在中土文化传统中扎根。

善导在《往生礼赞偈》中认为凡夫乘着弥陀的本愿力虽然能往生极乐净土，但必须具备一定的条件——往生的正因，即所谓安心、起行和作业。安心，即具足

《观无量寿经》所说的至诚心、深心和回向发愿心，如是具足三心必得往生。起行，即起身口意三业之行。身业是礼拜阿弥陀佛。口业是称赞弥陀及一切圣众的身相光明及净土庄严。意业是专念观察弥陀及诸圣众的身相光明及净土庄严等。作业，就是依以下四修法策励实行。（一）恭敬修，礼拜弥陀身心恭敬。（二）无余修，即称名忆念弥陀及净土圣众众，不杂余业。（三）无间修，即修行三业乃至回向发愿，无有间断。（四）长时修，即以毕命为期，心行相续，誓不中止。

作为中土净土宗的正脉嫡支，善导对于他的同门先辈如净影、慧远、智𫖮、吉藏等有关净土三经的思想见解，相违者颇多。前已记述：净影慧远著有《无量寿经疏》二卷，《观经义记》一卷。智𫖮著有《观经疏》二卷，《阿弥陀经义记》一卷，吉藏著有《无量寿经义疏》等。与善导的《观经四帖疏》等相比，存在不少相左的见解。例如，对于观经，古来诸师认为十六观都是定善，善导则以观佛依、正的前后十三疏是定善，观三辈九品往生的后三观是散善。再以净影慧远为例：就教而言，有“自力”“他力”之异，慧远以自定散修力往生；善导以佛愿力往生。就机而言：慧远认为观经九品通凡圣；善导认为九品唯凡。慧远认为韦提希为圣者，善导认为韦提希是烦恼具足之凡夫。慧远认为弥陀是应身、土是应土；善导认为弥陀是报身而非化身，弥陀净土是报土而非化土。

总之，随着中土净土思想到善导时期日臻完善，对净土经典的阐释和发挥也日益体现佛教中国化的特色。

宋初以后，禅宗、天台宗、律宗等学者多兼弘净土，他们结合自宗的教义，理解、阐扬净土经籍，从而促成了净土思想的广为渗透。律宗的灵芝元照博究南山律宗，著有《观无量寿佛经义疏》《阿弥陀经义疏》等。

元末明初，弘扬净土三经的有性澄、大佑、普智等。性澄（公元一二六五——一三四二年）撰《阿弥陀经句解》一卷。大佑撰有《阿弥陀经略解》一卷。普智（？—公元一四〇八年）撰有《阿弥陀经集注》一卷。

明末，云栖祩宏（公元一五三五——一六一五年）、憨山德清（公元一五四六——一六二三年）、灵峰智旭（公元一五九九——一六五五年）等学者或唱禅净一致，或说性相融会，或论儒佛合一，而全都以净土为归宿。

祩宏，仁和人，起初参禅有省，后来住在梵村云栖寺，常修念佛三昧，撰有《阿弥陀经疏钞》四卷，用贤首宗言语解释净土经典。祩宏提倡的净土法门仍以“持名念佛”为中心。他撰的《阿弥陀经疏钞》中说：“今此经者，崇简去繁，举约该博，更无他说。单指持名，但得一心，便生彼国，可谓愈简愈约，愈妙愈玄，径中径矣。”这种观点，与净土宗先驱们对净土经典的理解一脉相承。袾宏以摄心为学佛的要道，念佛为摄心的捷径，并开“念佛门”“止观门”“参禅门”为方便门，而指出“念佛一门止观双备”，从教理上阐明禅净的一致。他在引古德说明观想念佛的困难而强调持名的功德说：“观法理微，众生心杂，杂心修观，观想难成。大圣悲怜，直劝专持名号。良由称名易故，相续即生。此阐扬持名念佛之功，最为往生净土之要。若其持名深达实相，则与妙观同功。”

袾宏对《阿弥陀经》的教理判释，是采用华严家的主张。他认为就教相来说，《阿弥陀经》为顿教所摄，并且兼通前后二教（终与圆）。他说：“此经摄于顿者，盖谓持名即生，疾超速证无迂曲故。”（《阿弥陀经疏钞》卷一）

智旭，木渎人，早年由儒入佛，遍涉诸宗，而以天台宗为主，行愿则专在念佛往生，撰有《阿弥陀经要解》一卷，用天台家言语解释净土教义，并选辑《阿弥陀经要解》及《西方合论》等十重弘扬净土的著述，称为《净土十要》。

智旭于净土三经中主要所宗的就是《阿弥陀经》。他的《阿弥陀经要解》先依天台宗五重玄义方式，说明此经以能说所说人为名，实相为体，信愿持名为宗，往生不退为用，大乘菩萨藏无问自说为教相。又以《阿弥陀经》总摄一切佛教，以信愿行总摄《阿弥陀经》一经宗旨。在智旭以前，宋代遵式作《往生净土决疑行愿二门》，已包含了信愿行。传灯《生无生论》进一步提出“一念之道有三，曰信、曰行、曰愿”。智旭所立信愿行，即是继承他们的主张，而加以更深细的阐发。《阿弥陀经要解》将信的内容分为：信自（一念回心决定得生，自心本具极乐），信他（弥陀决无虚愿，释迦及六方佛决无诳语），信因（散乱称名宁不往生，一心不乱犹为佛种），信果（净土诸上善人皆由念佛得生，如影随形决无虚弃），信事（实有极乐国土，不同庄生寓言），信理（西方依正，不出现前一念心外）。愿的内容是“厌离娑婆，欣求极乐”。行的内容是“执持名号，一心不乱。六字持名，念念欣欣具足，信决愿切，由此就能历九品生，净四种土。”他主张即以执持名号为正行，不必更涉参究。认为参禅必不可无净土，净土必不可夹禅机。所以他所弘的是偏重持名的净土法门。

站在本宗的立场上研习净土经典，促进了中土佛教的禅净合流以及各宗思想的融合。

清初，有长洲人彭绍升撰有《无量寿经起信论》三卷、《观无量寿经约论》一卷、《阿弥陀经约论》一卷等。

清末，有杨文会（仁山，公元一八三六——一九一〇年），广究大小乘经论，而以净土为归宿，常自称：“教宗贤首，行在弥陀”，笃信净土数十年无间断，促成近代居士佛学的兴起，开创近代刻经事业，并撰有《观无量经略论》一卷等。

晚近有圣量（印光，公元一八六一——九四一年）法师，专力提倡净土，门下把他的文稿汇编成书，称为《印光法师文钞》四卷。

解说

净土是一个庄严清净的世界，是一个无苦无秽的妙土。西方净土，是净土三经及中国净土宗所着力宣扬的一个极乐世界，它是一块毫无苦疾杂染、唯有法性之乐的清净乐土。西方净土是怎样的一个极乐世界？何以是一个极乐世界？又如何才能追寻到这样一个极乐世界？净土三经所含的内容足以回答这些问题。

综括净土三经，它展示出这样一幅极乐世界的概貌：在众生居住的尘俗世界以西的十万亿佛刹，有一个世界名叫极乐。极乐国土的教主叫阿弥陀。该佛本是国王，出家后名叫法藏，对佛发愿，愿修成佛后，现出一个极乐净土。这极乐净土，实际上是展示给人们的一种宗教修行境界。在这极乐净土，除阿弥陀佛为教主外，还有两大菩萨，他们分别是阿弥陀佛的左右胁侍。左胁侍为观世音菩萨，右胁侍为大势至菩萨。观世音是专主救苦救难、济度众生的大慈大悲菩萨，大势至则智慧高照、威力无边。他们三者合称“阿弥陀三尊”或“西方三圣”。西方三圣，以大慈大悲的心愿，以平等诚实的心态，召唤一切寻求精神解脱、出离现世苦难的众生，并教示他们往生极乐净土的最佳途径。

《无量寿经》主要解释阿弥陀佛及西方极乐世界的由来。经中讲到，过去很久很久以前，有一个国王，他听佛说法之后，发愿修行，便抛弃了王位，出家当了沙门，起名叫法藏。法藏比丘发了二十四个愿（其他译本或四十八愿或三十六愿），这二十四个愿可分为三类：(一)摄法身愿，(二)摄净土愿，(三)摄众生愿。

所谓摄法身愿，是指在这些愿中，法藏比丘发誓如果自己能成佛，一定要庄严佛身，例如要寿命无量、光明无量等。所谓摄净土愿，是指在这些愿中，法藏比丘发誓如果自己能成佛，一定要建立一个什么样的美妙乐土，例如在这片乐土中，所有的宫殿楼观、池水花树都用无量杂宝及百千种香合成；一切万物严净光丽，形色美妙奇特等。所谓摄众生愿，是指法藏比丘发誓：如果我能成佛，那么所有的人，只要他一心信奉我，念我的名字，愿意往生到我的国土，我都接引他们。该经中，法藏比丘表示：上述二十四愿，只要有一愿不实现，就永不成佛。

法藏比丘后来果真成了佛，也就是阿弥陀佛，他发的愿自然也都一一实现。他自己成了寿命无量、光明无边、愿力无穷的佛，建立起了一个无有众苦、充满诸乐的美妙净土。无论什么人，凡是听闻、持念他的名号而起信仰、发誓往生到他净土来的，他便能够把他们全部接引到这极乐世界来继续完成佛道。这就是西方极乐世界的由来和为什么人只要念诵阿弥陀佛的名字就可以往生到西方净土的原因。

这部经典中明显蕴含了“功德回向”思想。法藏比丘积累了无量功德，成了佛，于是便可以把他积累的功德回向给那些信奉他、念诵他的名字的人，使他们都得到解脱，免受众苦。这正体现了“他力救拔”“自度度人”的大乘精神。在现代生活中，这种精神更能启发人与人之间的关爱、互助，也能启发人对社会的贡献和责任心，并以个人修养的完善，促进整个社会文明程度的提高。

另外，这部经典中所含的“佛性平等”思想，也正是大乘佛教“一切众生悉有佛性”精神的发扬。在极乐世界，阿弥陀佛面对一切众生，无论圣凡贤愚，凡是听闻、持念他的名号，而起信发愿并努力修行的，他都平等无欺地接引他们往生极乐净土。此中所展示的大乘佛理，首先是主张人在进取、超升的过程中一切机会均等，人在往生净土之前，虽有钝利智愚之别，但一旦经过各自努力，都有可能成为平等佛子。这样的思想，会进一步启发人们平等竞争、积极进取，努力向人生的最高境界奋进。

作为一种宗教理想，这种平等思想实际上是对现实不平等、“爱有差等”的反抗，这样的思想正是张扬了人们对平等、和平的渴求。

《观无量寿佛经》一开始讲了这么一个故事：印度摩揭陀国国王频婆娑罗有一个太子，名叫阿阇世。他听从了他人的教唆，把自己的父王抓起来，幽禁在七重室中，想饿死他，自己夺取王位。阿阇世的母亲韦提希夫人为了拯救频婆娑罗王，澡浴清净后，用酥蜜调和面粉，抹在身上，借探视之机，偷偷地送给国王。过了一些日子，阿阇世见父亲还没有饿死，很奇怪。一追查，才知道是母亲每天偷偷地送食物去给父亲吃。阿阇世大怒，拔出宝剑要去杀母亲。这时手下大臣劝阻道：“自古以来，杀掉自己的父亲而夺取王位这样的事屡见不鲜，不足为怪，但从来没有听说过有杀母亲的。如果您要杀害自己的母亲，那我们就不再跟随您了。”阿阇世听后，打消了杀母的念头，但他下令把母亲也关起来，不让她再去送饭。

韦提希夫人被幽禁在深宫中，泪如雨下。她向释迦牟尼佛祈祷，乞求得到救助。这时，释迦牟尼佛正在王舍城灵鹫山，他听到了韦提希夫人的祈祷，便大显神通，一下来到韦提希夫人身边。韦提希夫人见到释迦，拜倒在地，痛哭不已，说：“也不知是前世造了什么恶业，我生了这么一个儿子，我再也不想生活在这个世界上了，希望能生到清净乐土去。”

于是佛就为她显现西方极乐世界并宣说三福、十六观的往生净土的修行方法。

这三福是：

（1）世福（孝亲、敬师、戒杀、修十善业）。

（2）戒福（受持三归、众戒并护威仪）。

（3）行福（发菩提心、深信因果、诵大乘经并劝他修行）。

这种福业，也称净业正因，是往生净土的基本条件。

这十六观是：

（1）日想观，又作日观、日想。正坐西向，谛观于日，令心坚住，专想不移。见日欲没，状如悬鼓，既见日已，开目闭目皆令明了。

（2）水想观，或作水观、水想。初见西方一切皆是大水，再起冰想，见冰映彻，作琉璃想。

（3）地想观，又叫地观、琉璃地观、地想。观想下有金刚七宝金幢擎琉璃地，地上以黄金绳杂厕间错，一一宝各有五百色光等。

（4）宝树观，观极乐国土有七重行树，七宝花叶无不具足，一一花叶作异宝色，又一一树上有七重网。

（5）宝池观，又称八功德水想、池观。观想极乐世界有八功德水，一一水中有六十亿七宝莲花，摩尼水流注其间演妙法。又有百宝色之鸟，常赞念佛、念法、念僧。

（6）总观，又称宝楼观。作此观想即刻成就以上五种观法。观想其一一界上有五百亿宝楼，其中无量诸天作伎乐。又有乐器，悬处虚空，不鼓自鸣。

（7）华座观，又作华座想。观佛及二菩萨的华座。

（8）像观，又作像想观、佛菩萨像观。是观想一阎浮檀金色佛像坐彼华上，又观音、势至二菩萨像侍于其左右，各放金光。

（9）遍观一切色身想，又叫真身观、佛观、佛身观。指观想无量寿佛的真身，作此想即可见一切诸佛。

（10）观观世音菩萨真实色身相，又称观音观、观世音观。观想弥陀的胁侍观世音菩萨。

（11）观大势至色身相，又称势至观、大势至观。观想另一胁侍大势至菩萨。

（12）普观想，又称自往生观、普往生观。观自生于极乐，于莲花中结跏趺坐。莲花开时，有五百色光来照身，乃至佛菩萨满虚空。

（13）杂观想，又称杂观。观丈六佛像在池水上，或现大身满虚空。即杂观真佛、大身、小身等。

（14）上辈观，也称上辈生想。往生净土者依其因，而有上、中、下三辈，三辈又分上、中、下三品，总为九品。上辈观就是观上辈众生自发三心，修慈心不杀行等，临终蒙圣众迎接，及往生后得种种胜益之相。

（15）中辈观，即中辈生观。观中辈众生受持五戒八戒、修孝养父母之行等，乃感得圣众迎接而往生等相。

（16）下辈观，也称下辈生想。即观下辈众生虽造作恶业，然临终遇善知识，而知称念弥陀名号，因之得以往生，及蒙种种利益之相。

《阿弥陀经》是说有一次释迦牟尼佛在舍卫国祇树给孤独园给比丘们讲了这么一件事。说是在西方很远很远的地方，另有一个世界，名字叫“极乐”，那个世界中有一尊佛，也正在说法。这尊佛的名字叫“阿弥陀”。

释迦牟尼佛解释说，为什么那个世界名叫极乐呢？那是因为生活在那个世界中的一切众生都永享幸福，没有任何一点痛苦。然后释迦牟尼佛详细描绘了西方极乐世界的情况。他说：在那片国土上，有七宝池，池中充满八功德水，池底全都是金沙布地，池的四周是用金、银、琉璃等砌成的阶梯。池中长满了各色莲花，每朵莲花都大如车轮。到处都是亭台楼阁，它们都装饰着金、银、琉璃、玻璃、砗磲、珍珠、玛瑙等七宝。在那极乐世界中，空中经常奏响着美妙的天乐，地上永远布满了灿烂的黄金。每天到了一定的时刻，天上还会纷纷扬扬地飘下无数曼陀罗花。许多美丽的奇禽异鸟生活在这里，它们婉转美妙地鸣唱着。人们听了它们的歌唱，便不由地赞颂佛、法、僧三宝。这儿还长着无数宝树，每当微风吹动，宝树便发出微妙的声音，就像千百种乐器同时奏响了动听的音符。释迦牟尼佛解释说，为什么西方极乐世界的那尊佛叫做“阿弥陀”呢？因为这尊佛能发出无限量的光明，照亮十方世界，又因为这尊佛及生活在他的佛国中的人的寿命都无量无边。所以，“阿弥陀”的意思就是“无量光”或“无量寿”。

而后，释迦牟尼佛强调说：如果有什么人，他听说了有关阿弥陀佛的功德庄严，虔诚地专心持念阿弥陀佛这一名字，那么，等他临终时，阿弥陀佛会带领贤圣们出现在他面前，并接引他到西方极乐世界，让他永远生活在幸福之中。如果有什么人发愿，死后愿往生到阿弥陀佛国中，那么他一定能成就正果。

《阿弥陀经》等所代表的净土信仰向人们开示了一条独具特色的解脱道路：只要发愿往生到阿弥陀佛国，只要一心念诵阿弥陀佛的名字，就能往生于西方极乐世界。这种看法，比起“自力拯救”的途径，无疑是一个令人羡慕、神往的简易功夫。阿弥陀信仰产生后，在尘世间困顿忙碌的想寻得精神安宁的人们，即刻对它表现出强烈的兴趣，阿弥陀信仰在中土也愈演愈盛。

净土三经所描绘的极乐世界，从某种意义上讲，是一种宗教修行的境界。这种境界对于一个宗教徒说其意义自是毋庸置疑的。当然，净土信仰的意义不仅限于此，它对于世俗社会和现实生活也有重要的意义。

在现代生活中，因生活节奏的加快，生存环境的恶化与人际关系的冷漠，都使人的精神生活笼罩着迷障和阴影。现代物质文明飞速发展的情势下，人们的内心生活存有着莫名的不安和驿动，他们在追寻精神的安详宁静，也寻求精神内守、回归自己的精神家园的良方。西方净土信仰所展示的极乐世界给现代人以有益的启示。弥陀净土实质上是佛教为追求解脱的人们成就的一个理想国，也是佛教创始人所倡导的一种最高修行境界。这样的国土佛境虽然离现实生活很远很远，拿现实来衡量可谓不可思议，但这样的净国却离人的心智很近很近，人们的精神力量可以使自身的神识一下子飞升到极乐境界。这样的境界就是一个人在现实世界的漩涡中苦苦争斗、苦苦追求并无所着落时，通过精神内守、操存涵养而得来的一种家园的感觉，这样的家园说什么也是温馨、欢乐、美好、庄严的。

净土三经从宗教的角度描绘了人类精神家园的处处风光，并指示通向处处风光的条条道路。当净土宗人及一切信众在现世的苦难、不平与不安中，想求得精神的慰藉，追问精神家园的消息、追寻来自精神家园温柔的关怀时，净土三经中的大义，就会像声声亲切的乡音，阵阵悠扬的牧笛，把人引向宁静的故乡，引向精神的童年。引向人类生存的应然。

《观无量寿经》所基于的宗教情感是真诚的，十六观所代表的宗教修行经验也是独到的。

《无量寿经》《阿弥陀经》以独特的形式设计精神家园的景观、表达精神超升的意愿、透露宗教情怀下对人生的爱抚等，都使众生对净土的信力更为加强。

当我们带着走向未来的情怀完善自己的人格、营造精神的乐园时，净土信仰中往生彼岸的努力可以启发我们加强修养，丰富心灵。

当我们在修养、生活过程中努力实现奋斗目标、实现人生价值时，我们可以凭借自力和他力的合力，凭借着人类和平进步的大愿，更好地在走向成功的道路上行进。

当我们在现实生活中被烦琐的纷争、支离的分析、冗长的空谈、拘谨的思忖所困扰时，净土三经也许能启发我们找到超脱和抛弃一切不合理名相的易行大道。诚如是，将不枉净土三经一片佛心。

参考书目

1《中国佛教史》(第一、二、三卷) 任继愈主编 中国社会科学出版社一九八一年版

2《汉魏两晋南北朝佛教史》《隋唐佛教史稿》 汤用彤著 中华书局一九八二年版

3《中国佛教》一、二、三、四册 知识出版社一九八九年版

4《中国佛性论》 赖永海著 上海人民出版社一九八八年版

5《佛教典籍百问》 方广锠著 今日中国出版社一九八九年版

6《阿弥陀经白话解释》 黄智海演述 中州古籍出版社

7《佛说阿弥陀经讲录》 知定法师讲著 檀香山虚

云寺印行

8《佛说大乘无量寿庄严清净平等觉经解》　黄念祖著　中州古籍出版社

出版后记

星云大师说："我童年出家的栖霞寺里面，有一座庄严的藏经楼，楼上收藏佛经，楼下是法堂，平常如同圣地一般，戒备森严，不准亲近一步。后来好不容易有机缘进到藏经楼，见到那些经书，大都是木刻本，既没有分段也没有标点，有如天书，当然我是看不懂的。"大师忧心《大藏经》卷帙浩繁，又藏于深山宝刹，平常百姓只能望藏兴叹；藏海无边，文辞古朴，亦让人望文却步。在大师倡导主持下，集合两岸近百位学者，经五年之努力，终于编修了这部多层次、多角度、全面反映佛教文化的白话精华大藏经——《中国佛教经典宝藏》，将佛教深睿的奥义妙法通俗地再现今世，为现代人提供学佛求法的方便途径。

完整地引进《中国佛教经典宝藏》是我们的夙愿，

三年来，我们组织了简体字版的编审委员会，编订了详细精当的《编辑手册》，吸收了近二十年来佛学研究的新成果，对整套丛书重新编审编校。需要说明的是此次出版将丛书名更改为《中国佛学经典宝藏》。

佛曰：一旦起心动念，也就有了因果。三年的不懈努力，终于功德圆满。一百三十二册，精校精勘，美轮美奂。翰墨书香，融入经藏智慧；典雅庄严，裹沁着玄妙法门。我们相信，大师与经藏的智慧一定能普应于世，济助众生。

东方出版社